法律文书学

唐周俊　主　编
雷小红　副主编

中国农业大学出版社

主　编　唐周俊
副主编　雷小红
主　审　郎佩娟
副主审　王传宏

内 容 提 要

为了更好地满足网络教学的需要，我们编写了本书，其主要目的是通过大量的法律文书的评析，使广大学员更熟练的掌握法律文书的写作技巧，以便更好地制作法律文书。

考虑到学员的具体情况，也为了更好地和网络教育的特点相结合，本学习指导不同于一般法律文书写作的辅导书，在结构上仍然包括总论和分论两部分，但分论的结构安排更多地考虑到实用性，因此，着重于诉讼类法律文书的辅导，对专业性很强的司法机关的法律文书则不作为本书的重点阐述。

序言

党的十七大提出了发展远程教育和继续教育，构建全民学习、终身学习的学习型社会的指导思想，为我国教育教学的改革带来了新的活力。现代远程教育因其独特的优势，使得越来越多的在职人员选择了远程教育方式接受继续教育。现代远程教育在高等教育中的重要作用日益彰显。

中国农业大学是2001年经教育部批准开展现代远程教育的试点高校。几年来，我们对网络教育的办学理念、教学模式、管理模式和运行机制等进行了积极探索，基础设施不断完善、管理制度逐步健全、教学质量日益提高、办学规模稳步发展。

网络教学中学生的主要学习方式是基于资源的自主学习。为学生提供内容丰富、形式多样、使用便捷的学习资源是网络教学学习环境的基础，也是提高网络教学质量的基本保证。在网络教学中，学生常用的学习资源有课程教材、学习资料、网络课件等，其中课程教材是最基本也是最常用的学习资源。因此，加强现代远程教育教材建设，编写适合网络教育人才培养需要的、具有网络教学特点的教材至关重要。

我们组织编写网络课程教材的宗旨是：积极探索，建设高质量的与网络教育相适应的精品教材，以提高网络教学质量。具体要求是：在编写理念上以当代教育教学思想为指导、力求符合成人在职学习规律和课程改革的精神，体现以学生为中心的当代网络教学理念；在内容上体现科学性和教学性相结合、理论性和实践性相结合、前瞻性和实用性相结合、创新性和继承性相结合；在篇幅、体系、文字、体例、版式上适应成人学习特点，有利于学生自学，更适合于网络教学。

对于编写适合于网络教育人才培养要求、具有网络教育特点的教材，我们还是初步尝试，在编写中难免有不妥之处，敬请读者指正。

中国农业大学网络教育学院

2008年11月

前　言

自从在中国农业大学网络学院讲授“法律文书学”这门课以来，我一直在思考这样一个问题：怎样把这门课讲好，怎样让网络学院的学生们真正掌握法律文书的写作方法和技巧？更为通俗一点是怎样让网络学院的学生们通过这门课的学习，在日常工作中能够娴熟的制作法律文书。关于法律文书的教材已经有很多了，但是未必都适合网络学院学生们学习，编写一本适合网络学院学生们的学习指导就显得迫在眉睫。

作为法律专业的一门课程，人们对于法律文书学的看法也各不相同，有人认为它是一门纯粹的法律业务课，有人则认为它是一门单纯的写作课。因此，怎样讲授法律文书这门课，是对所有老师的一个巨大的挑战。片面地讲授法律知识，就混淆了法律文书学和法律专业的其他专业课程的区别，这不是法律文书学这门课程的初衷；如果片面地讲授写作技巧，由于法律文书和一般的写作课程大相径庭，也必然起不到这门课程的教学目的，学生仍然不能掌握法律文书的写作要求，不能熟练制作法律文书。因此，法律文书不同于法律的其他专业课，无论是老师讲课的方法和学生学习的方法都应该和其他法律专业课有所区别。

要写好法律文书，除了学习法律文书写作的基本要求之外，我始终认为应该多看法律文书，学习别人的长处，发现别人写作中的不足。然而，囿于网络学院学生来自于不同的行业，大家在百忙的工作之余，坚持不懈地学习、提高，不可能接触大量的法律文书，因此，在这本学习指导里，我尽可能地挑选了一系列的法律文书，这些文书，大部分格式规范、用语严谨、论证严密，希望同学们能够仔细地阅读，通过阅读来提高自己的制作法律文书的能力。同时，同学们要批判地看待这些法律文书，发现其中的不足之处，找出有待改善的地方。在此基础上，同学们要多写、多练，才能真正的写好法律文书。有很多同学在网络上或通过网络学院的辅导老师给我很多信件，希望能够尽快提高写作法律文书的能力，这不由让我想起我们小学刚开始写作文的情景。要想真正掌握法律文书这门课程，做到为我所用，能够有助于大家的日常工作，做到学以致用，真的是一件不容易的事，除了多看、多思考、多写之外，别无他途！

法律文书是一门主观性很强的课程，加之囿于笔者水平有限，疏漏在所难免。希望大家对其中的不足之处通过我的邮箱 zjtang@sohu.com 指正，以期不断地加以完善。

唐周俊

2008 年 7 月于北京

目　录

第一章 绪 论

知识目标

- 了解法律文书的类别和作用。
- 理解法律文书写作的概念。
- 掌握法律文书写作的主要特点。

技能目标

- 能够理解法律文书的概念。
- 能够理解法律文书写作的主要特点。

引言

本章是法律文书学的绪论。学习本章要注意领会法律文书这门课程的特点以及性质，要清晰地认识到学习本课程需要达到的目标。本章的重点是第三节法律文书的主要特点，需要对此加以理解，在制作法律文书时注意围绕着这些特点来制作，这也是我们制作各种不同法律文书的总的指导思想。在学习方法上，要结合以后具体的法律文书，慢慢地体会才能真正掌握。

第一节 法律文书的概念、类别及作用

一、法律文书的概念

法律文书是指我国的公安机关、国家安全机关、检察院、法院、监狱以及公证机关、仲裁组织依法制作的处理各种诉讼案件和非诉讼案件的法律文书，以及案件当事人、律师和律师事务所自书或代书的具有法律效力或法律意义的文书的总称。亦指规范性法律文件以外，所有非规范性的法律文件的总称。

为了更好地理解法律文书的概念，我们要从以下5个方面进行理解：

1. 制作主体：法律文书的制作主体通常包括公安机关、国家安全机关、检察院、法院、监狱；公证机关、仲裁组织、案件当事人、律师和律师事务所。

2. 适用范围：诉讼案件和非诉讼案件。

3. 制作依据：法律文书必须依据法律与事实出具，这也是法律文书区别于其他文学类作品的主要方面，其必须“以事实为依据，以法律为准绳”。

4. 主要特征：法律文书不同于一般文书，具有法律效力或法律意义。

5. 非规范性法律文件（注意要和规范性法律文件相区分，简单的区分方法是判断可不可以多次适用，规范性法律文件是可以多次适用的，如国家立法机关颁布的各种法律。而非规范性法律文件不可以多次适用，如人民法院的判决书，只能在一个案件中适用）。

同时，在法律概念上要注意区分两组概念：

1. 司法文书：是专指司法机关处理各种诉讼案件的法律文书，是法律文书中的重要组成部分。
   法律文书

2. 诉讼文书：包括司法文书及民用的涉及诉讼的法律文书，也是法律文书的重要组成部分。
   法律文书

二、法律文书的分类（制作机关）

（一）按照制作机关不同，可分为六类

1. 公安机关（含国家安全机关）文书。
2. 检察机关文书。
3. 人民法院文书。
4. 律师实务文书。
5. 公证文书。
6. 仲裁文书。

（二）按写作与表达的方式不同，可分为三类

1. 叙述式。
2. 填空式。
3. 笔录式。

三、法律文书的作用

1. 具体实施法律的重要手段。
2. 有关法律活动的忠实记录。
3. 进行法制宣传的生动教材。
4. 综合考核干部的重要尺度。

第二节 法律文书的沿革

本节主要介绍我国古代和现代法律文书的发展和演变过程，对于本节的内容，同学们只需要做到简单的了解即可。需要掌握的是现代的裁判法律文书写作结构更多的是：事实→理由→结论，它是一种更符合逻辑的结构安排。

第三节 法律文书的特点

本节内容是本章的核心和重点，要仔细阅读、体会。

一、制作的合法性

法律文书适用的范围包括诉讼类和非诉讼类法律活动。对于诉讼类法律文书，必须要以事实为依据，以法律为准绳。对于非诉讼类法律文书，同样也必须按照客观事实和法律的相应规定出具，这样才能起到非诉讼类法律文书的作用。例如，法律意见书的出具，只有符合合法性这个要求，才能为委托单位和相关部门决策提供依据，这也是法律文书不同于其他文书写作的重要特点。法律文书要体现其合法性，必须做到：

1. 制作依据的实体合法。
2. 制作的程序合法。

二、形式的程式性

1. 结构固定化。法律文书的结构相对固定，一般包括三个部分：首部、主体（正文）、尾部。这一点不同于其他非法律文书，我们不能按照自己意愿、喜好自由地选择其结构。对于诉讼类文书，这一点表现得更为明显，例如，民事起诉状的格式。

民事起诉状

原告：

被告：

诉讼请求

……

事实与理由

……

证据及证据来源，证人姓名及住址

……

此致

××人民法院

起诉人：××

××年×月×日

附：本诉状副本×份。

2.用语成文化。有些法律文书，如填空式法律文书，一般都是统一印刷在格式中，制作者只需要填写其中的某几个事项就可以了。

有些法律文书，制作者需要用统一的文字书写，如法院判决书中的审判方式，以及合议庭组成，这些表述都是统一的。

相对诉讼类法律文书而言，非诉讼类法律文书的用语成文化特点表现得不太明显，这主要是非诉讼类法律文书的适用对象和作用都不同于诉讼类法律文书，但是，即使这样，非诉讼类法律文书仍然有很多成文化（或者法律文书的制作者约定俗成的）的成分。

三、内容的法定性

法律文书的写作内容，不同于非法律文书之处在于其必须符合法定的要求。可以从以下几个方面来理解：

1.法律文书必须以事实为依据、以法律为准绳。

2.实体问题的法律文书符合实体法的要求，程序问题的法律文书符合有关程序法的规范。

3.法律文书的内容有明确的法律要求，包括文书的各部分具有的较为规范的要素化要求。

四、语言的精确性

法律文书的语言文字不能有含混、模棱两可、语义两歧的现象出现。因此法律文书在语言运用上要做到以下两点：

1. 语言精炼，准确无误。

2. 解释单一，不产生歧义。

五、使用的实效性

法律文书制作和使用的根本目的在于解决生活中的各种法律问题，因此，法律文书具有很强的实效性，必须针对具体的法律问题，提出具体的解决办法和建议。法律文书的实效性是十分具体、明确的，表现在两个方面：

1. 司法机关制作的有些法律文书具有明确的法律效力。例如，甲乙2人因为欠款纠纷，法院作出判决书，判决书必须明确在什么时间、归还多少数额的欠款。上述判决一旦生效，即具有明确的法律效力，一方不履行该法律文书，就需要承担相应的法律后果。

2. 没有执行意义的法律文书也具有一定的法律意义。如律师制作的法律意见书，虽然此法律意见书没有执行效力，也就是说，即使当事人违反该法律意见书，也并非必然承担法律后果。但该等法律文书仍然具有重要的法律意义。例如，公司拟申请上市并公开发行股票，这时律师制作的法律意见书应该对公司的成立和运作的合法性等事项发表意见，该法律意见书直接影响到相关审批机关对此问题的审批。

【本章小结】

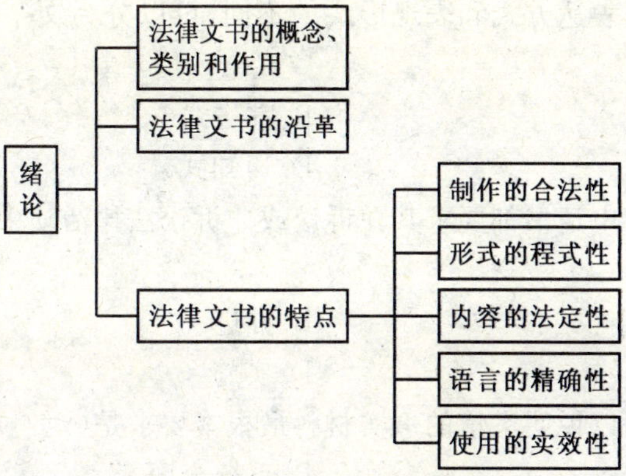

【本章练习】

一、单项选择题

1. 国家立法机关颁布的各种法律属于（　　）。

A. 司法文书　　B. 规范性法律文书

C. 诉讼文书　　D. 非规范性法律文书

2. 法律文书的适用范围包括（　　）。

A. 诉讼案件　　B. 非诉讼案件

C. 诉讼案件和非诉讼案件　　D. 侦查案件和监察案件

3. 法律文书制作的前提是（　　）。

A. 制作的合法性　　B. 形式的程式性

C. 内容的法定性　　D. 非规范性法律文书

4. 法律文书是一种在形式上具有明显____特点的文书（　　）。

A. 格式化　　B. 要素化

C. 程式化　　D. 法律化

5. 法律文书的主体（正文）内容的三部分之一是（　　）。

A. 案情事实　　B. 审理经过

C. 交代事项　　D. 案件由来

6. 法律文书形式的程式化特点主要表现在两个方面：一是结构固定化；二是（　　）。

A. 用语固定化　　B. 用语标准化

C. 用语书面化　　D. 用语成文化

7. 法律文书按表达方式和表现形式的不同，可以分为文字叙述式、填空式、表格式和（　　）。

A. 笔录式　　B. 宣告式

C. 报告式　　D. 通知式

8. 各种诉状或申请书都要求其在诉讼或非诉讼法律活动中产生一定的____作用（　　）。

A. 生效　　B. 推进

C. 实效　　D. 实施

9. 法律文书用以说明案情的事实材料最根本要求是（　　）。

A. 客观真实　　B. 系统全面

C. 简明扼要　　D. 清楚具体

10. 法律文书的写作内容都具有法律的(　　)。

A. 公正性　　B. 权威性

C. 法定性　　D. 明确性

二、简答题

1. 什么是法律文书?

2. 法律文书有哪些作用?

3. 法律文书有哪些基本特点?

【参考答案】

一、单项选择题

1. B	2. C	3. A	4. C	5. A
6. D	7. A	8. C	9. A	10. C

二、简答题

1. 法律文书是指我国的公安机关、国家安全机关、检察院、法院、监狱以及公证机关、仲裁组织依法制作的处理各种诉讼案件和非诉讼案件的法律文书,以及案件当事人、律师和律师事务所自书或代书的具有法律效力或法律意义的文书的总称。亦指规范性法律文件以外,所有非规范性的法律文件的总称。

2. 法律文书的作用主要体现在:具体实施法律的重要手段、有关法律活动的忠实记录、进行法制宣传的生动教材、综合考核干部的重要尺度。

3. 法律文书的基本特点有:制作的合法性、形式的程式性、内容的法定性、语言的精确性、使用的实效性。

第二章　法律文书的写作要素与基本要求

知识目标

- 了解法律文书的内容及基本要求。
- 理解法律文书的结构与写作要求。
- 掌握法律文书的表达方式与写作要求。

技能目标

- 能够理解法律文书的写作要素与基本要求。
- 能够掌握并运用法律文书写作的要求制作文书。

引言

本章是法律文书学总论的重点内容。学习本章要注意领会法律文书写作的内容及基本要求，为具体法律文书的写作打下坚实的基础。本章的重点是第三节法律文书的结构与写作要求以及第四节法律文书写作的表达方式与写作要求。在制作法律文书时注意围绕着这些要求来制作，这也是我们制作各种不同的法律文书的总的要求。在学习方法上，要结合具体的法律文书，多写多练，分析其中的优点与不足之处，才能真正掌握理解这些法律文书写作要求的内涵。

第一节　法律文书的主旨与写作要求

一、主旨的含义

所谓主旨是指一篇文书的制作目的和它的中心思想，法律文书的主旨概括起来主要有两点：

1. 明确的目的。

2. 解决问题的具体意见。

二、主旨的产生

法律文书主旨的形成，是基于案件事实以及法律的适用，是第二位的。法律文书的主旨和案件事实、法律适用之间在文书的制作过程中是一种辩证统一关系。其形成过程如下：

案件事实→法律适用→产生主旨。

三、主旨的要求——主旨鲜明，阐述精当

法律文书主旨的基本要求包括两方面：

1. 正确。这是法律文书主旨最重要的要求，如果一篇法律文书的主旨错误，无论该法律文书的论述多么深刻，都不是一篇优秀的法律文书，而法律文书的主旨正确，必然需要我们对该法律文书涉及的事实依据的充分了解和对其中法律关系的细致剖析。

2. 鲜明。法律文书是针对着特定的问题出具，必须鲜明，不能模糊不清。

第二节　法律文书的材料与写作要求

一、围绕主旨选材

选择材料的唯一标准是法律文书的主旨：

1. 以刑事案件为例，在选用案情事实材料时，需要分析的有：罪与非罪、此罪与彼罪、主犯与从犯，然后再根据论述的需要选择合适的材料来证明上述观点。

2. 以民事案件为例，对于其案情事实的叙述，要围绕与案件争议有关的内容来选材。

二、材料的根本要求——叙事清楚，材料真实

1. 材料的客观性与典型性，应该选用有代表性的材料来支持法律文书的观点。

2. 引用法条的准确性。

第三节　法律文书的结构与写作要求

法律文书组织结构的特点，主要是结构的固定性和行文章法的多样性。

一、结构的固定性——遵循格式，写全事项

大多数的法律文书的结构是由三部分组成的：

- 首部
- 正文
  - 事实
  - 理由（法律依据）
  - 处理意见
- 尾部

二、章法的多样性——行文章法，因文而异

如果只注意到法律文书的制作结构的固定性，所有的文书千篇一律，则法律文书会显得过于死板，不能有效地发挥其在法制宣传和实际效用方面的作用，所以法律文书的行文章法应因文而异，具有多样性。常见的行文章法有以下几种：

1. 由事而理，由理而断。由事而理、由理而断的写作章法是司法机关中经常使用的较为重要的具有典型性的法律文书写作章法。其逻辑结构概括为：

起（介绍情况）→承（叙述事实）→转（阐述理由）→合（判断处理）。

2. 突出重点，兼顾一般。在叙述被告人犯有多起或多种罪行犯罪事实时，常常采用这种章法。在结构安排上，将主要犯罪事实放在前面，次要犯罪事实放在后面。

3. 揭示矛盾，明确焦点。这种写作章法在民事判决书和调解书中表现得更为明显，即需要先将原被告间因某种纠纷而提出的控诉和答辩的内容写清，力求准确真实地反映当事人间的诉讼要求和争执焦点。

4. 论辩说理，章法多样。在法律文书中，有一种是侧重于申辩说理的文书，如检察机关的抗诉书，公诉意见书，代理词等，这些论辩说理的文书在写作章法上也有多种形式，如“欲进先退”法、“针锋相对”法。

第四节　法律文书的表达方式与写作要求

文章的表达方式通常有记叙、议论、说明、描写、抒情等，在法律文书的写作中

所使用的主要是记叙、议论和说明这三种基本的表达方式。在实践中运用这三种方式要注意以下三个方面：

一、几种表达方式使用上的综合性——综合表达，叙议为主

文字叙述类的法律文书在这方面表现得最为明显，如法院的判决书。

二、记叙说明上的明确性——写清事实，掌握要领

法律文书中有大量的记叙和说明性的文字。具体的运用时要注意以下几个方面：

1. 说明或记叙的各种要素要求明确完备。
2. 关键性的情节必须具体写清。
3. 因果关系必须交代明确。
4. 争执的焦点要写清。
5. 记叙方法选择恰当。
6. 要善于把具体叙述与概括叙述结合运用。
7. 说明事项要真实、明确、具体。

其中记叙方法常用的有5种：自然顺序法、突出主罪法、突出主犯法、综合归纳法、纵横交错法。

三、论证说理上的严谨性——依法说理，折服有力

法律文书的议论说理部分，语言要求精要，论证要求严谨，做到依法说理，折服有力。具体运用时要注意以下几个方面：

1. 认定事实要分析说明证据。
2. 论证案件的性质和处理的理由应加强法理分析。
3. 立论要有法律依据。
4. 说理要加强针对性。
5. 前后要保持一致。

第五节　法律文书的语言与写作要求

法律文书必须通过语言文字予以表达，因此在语言方面也有相应的要求——准确精炼、朴实庄重。在具体运用中需注意以下几个方面：

1. 表意精确，解释单一。
2. 文风朴实，格调庄重。

3. 语言规范，语句规整。

4. 褒贬恰切，爱憎分明。

5. 文字精炼，言简意赅。

6. 语言诸忌，力求避免。

【本章小结】

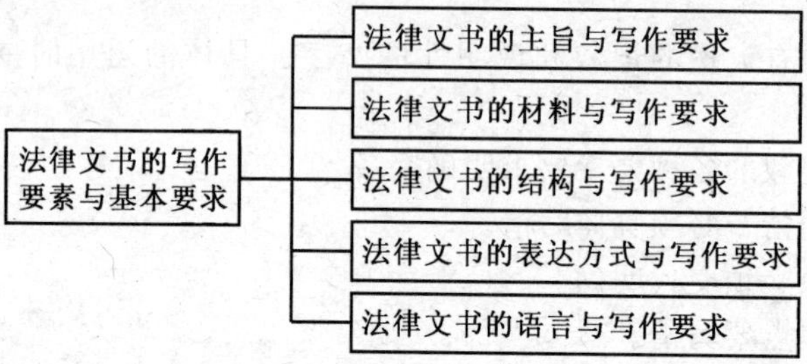

【本章练习】

一、单项选择题

1. 法律文书的主旨和案情事实在文书制作中的关系是（　　）。

A. 相对独立　　B. 相互包容

C. 相互补充　　D. 辩证统一

2. 法律文书的主旨是指一份文书的目的和（　　）。

A. 中心意思　　B. 理由

C. 法律依据　　D. 事实

3. 法律文书所选材料的根本要求是事实材料的客观性和（　　）。

A. 准确性　　B. 法律条款的针对性

C. 法定性　　D. 说服性

4. 文字叙述类的法律文书的正文部分的章法主要有起、承、转、合，其中的“承”是指（　　）。

A. 介绍情况　　B. 叙述事实

C. 阐述理由　　D. 判断处理

5. 法律文书的结构具有一定的固定性，下面属于首部的是（　　）。

A. 理由阐述　　B. 交代有关事项

C. 附注事项　　D. 当事人的基本情况

6. 法律文书形式的表达方式中一般不能运用的表达方式是（　　）。

A. 记叙　　B. 议论

C. 说明　　D. 抒情

7. 法律文书中对各类案件的案情记叙，基本上采用的是（　　）。

A. 突出主罪法　　B. 突出主方法

C. 自然顺序法　　D. 综合归纳法

二、简答题

1. 写作法律文书应遵循哪些基本要求？

2. 法律文书写作的语言运用中常见的忌用语言通病有哪些？

三、找出下面法律文书中不当的部分，并说明理由

经审理查明：1996 年 12 月 14 日夜 9 点 15 分，赵××、钱××、孙××、李××和周××等 5 人，聚集在赵××家喝了 3 瓶二锅头之后，趁月黑风高之机，窜到××县××乡××村盗窃吴××家泰山牌 12 马力拖拉机头一台（价值 3 600 元）。后合价归钱××所有，赵××、孙××各分得现金 700～900 元。钱××以李××只是跟着溜达了一圈，什么都没干，真他妈的“松”得厉害为由，给了 50 元。拖拉机头现已提取，退还吴××。李××于 1997 年 1 月 19 日投案自首。案发后，周××积极退赃。孙××曾于 1992 年 7 月 16 日因盗窃罪被判有期徒刑 4 年，1996 年 6 月 18 日刚刚释放，不久即再次参加盗窃，着实可恶。丢失拖拉机头的吴××写证明说：1996 年 12 月 14 日夜，我家被盗泰山 12 匹马力拖拉机头一台，发动机号 123456，现已领回。郑××证明：1996 年 12 月中旬一天凌晨，赵××、钱××将一个拖拉机头放在我家 2 天，后由钱××开走。以上证据足以证明赵××、钱××、孙××、李××和周××5 人犯盗窃罪属实。

本院认为：被告人赵××、钱××、孙××、李××和周××5 人目无国法、盗窃私人财物，数额较大，其行为已构成盗窃罪。李××主动投案自首，因从轻处罚，周××积极退赃，确有悔改表现，亦应从轻处罚，孙××系累犯，应从重处罚。本院为保护公民的财产所有权不受侵犯，维护社会秩序，惩罚犯罪，依据《中华人民共和国刑法》第二百六十四条、第二百五十条之规定，判决如下：

……

【参考答案】

一、单项选择题

1. D　2. A　3. B　4. B　5. D　6. D　7. C

二、简答题

1. 写作法律文书应遵循基本要求主要有：①主旨鲜明、阐述精当；②叙事清楚、材料真实；③遵循格式，写全事项；④综合表达，叙议为主；⑤行文章法，因文而异；⑥依法说理、折服有力；⑦语言精确、朴实庄重。

2. 法律文书写作的语言运用中常见的忌用语言通病有：①忌用渲染性、描绘性以及夸张、比喻类语言；②忌用方言土语；③忌用污言秽语。

三、参考答案

经审理查明：1996 年 12 月 14 日夜 9 点 15 分（表述不准确，虽然表面上看似表述很准确已经精确到分钟，但是，作为事后的侦查活动不可能如此精确），赵××、钱××、孙××、李××和周××等 5（本处已经有 5 人的名字，显然此处的“等”是不合适的）人，聚集在赵××家喝了 3 瓶二锅头（没有注意法律文书的选材要求，过于啰嗦，交代具体的酒名和数量对这份法律文书没有任何意义）之后，趁月黑风高之机（描述性语言），窜到某某县某某乡某某村盗窃吴××家泰山牌 12 马力拖拉机头一台（价值 3 600 元）。后合价归钱××所有，赵××、孙××各分得现金 700～900（不具体，因为涉及赃物的分配，必须具体到每个人多少钱）元。钱某某以李××只是跟着溜达了一圈，什么都没干，真他妈的“松”得厉害为由（地方方言和粗话），给了 50 元。拖拉机头现已提取，退还吴××。李××于 1997 年 1 月 19 日投案自首。案发后，周××积极退赃。孙××曾于 1992 年 7 月 16 日因盗窃罪被判有期徒刑四年，1996 年 6 月 18 日刚刚释放，不久即再次参加盗窃，着实可恶（心理描述性语言）。丢失拖拉机头的吴××写证明说（口头表达，没有使用法律语言）：1996 年 12 月 14 日夜，我家被盗泰山 12 匹马力拖拉机头一台，发动机号 123456，现以领回。郑××证明：1996 年 12 月中旬一天凌晨（不具体），赵××、钱××将一个拖拉机头放在我家 2 天，后由钱××开走。以上证据足以证明赵××、钱××、孙××、李××和周××5 人犯盗窃罪属实。

本院认为：被告人赵××、钱××、孙××、李××和周××5 人目无国法、盗窃私人财物，数额较大，其行为已构成盗窃罪。李××主动投案自首，因（这是一个错别字）从轻处罚，周××积极退赃，确有悔改表现，亦应从轻处罚，孙××系累犯，应从重处罚。本院为保护公民的财产所有权不受侵犯，维护社会秩序，惩罚犯罪，依据《中华人民共和国刑法》第二百六十四条、第二百五十条之规定（引用法条不完整），判决如下：

……

第三章　公安机关的法律文书
——侦查文书

知识目标

- 了解侦查文书的概念及类别。
- 理解侦查文书的制作要求。
- 掌握强制措施类侦查文书及起诉意见书的制作。

技能目标

- 能够理解侦查文书的特点及制作要求。
- 能够进行强制措施类侦查文书及起诉意见书的制作。

引言

本章主要介绍公安机关法律文书中有关刑事案件的侦查文书。学习本章要了解侦查文书的概念、功能及常见的侦查文书的写作内容和方法，在此基础上，学会具体制作常见的侦查文书。在学习方法上，要结合着侦查文书的相关要求，经常练习才能真正掌握。

第一节　概　　述

一、侦查文书的概念、功能

1. 侦查文书是指公安机关(含国家安全机关)参与刑事诉讼，在办理刑事案件过程中，依法制作或者认可的具有法律效力或法律意义的文书的总称。

2. 侦查文书的功能。

(1)是公安机关参与刑事诉讼，实施法律的工具。

(2)是公安机关对刑事案件和当事人开展侦查或作出处理决定的文字凭据。

(3)是公安干警办案活动的忠实记录。

二、侦查文书的分类——按刑事诉讼程序分类

类别	立案、破案类	律师参与刑事诉讼类	强制措施类	侦查措施类	延长羁押期限类	侦查终结类	补充侦查和复议、复核类
	受理刑事案件登记表、刑事案件立案报告书、侦查工作方案、刑事案件破案报告书、通缉令	聘请律师审批表、会见犯罪嫌疑人申请表	呈请拘传报告书和拘传证、取保候审决定书和保证书、监视居住决定书和委托书、呈请拘留报告书和拘留证、提请批准逮捕书和逮捕证	讯问笔录、询问笔录、呈请侦查实验报告书、呈请鉴定报告书、呈请扣押邮件报告书、冻结犯罪嫌疑人存款通知书、调取证据清单	提请批准延长侦查羁押期限意见书、呈请批准重新计算羁押期限报告书、延长羁押期限通知书	起诉意见书、呈请撤销案件报告书、撤销案件通知书	补充侦查报告书、要求复议意见书、提请复核意见书

第二节 立案、破案文书

立案、破案文书，是公安机关对刑事案件开展立案和破案工作时制作的法律文书。常用的有五种：受理刑事案件登记表、刑事案件立案报告书、侦查工作方案、刑事案件破案报告书和通缉令。

一、受理刑事案件登记表

(一)受理刑事案件登记表的概念、功能

1.受理刑事案件登记表的概念。受理刑事案件登记表，是指公安机关在接受公民报案、控告、举报或者犯罪嫌疑人自首时制作的一种法律文书。

2.受理刑事案件登记表的功能。受理刑事案件登记表，是公安机关受理刑事案件的原始材料，也是审查是否立案的重要凭据。

(二)受理刑事案件登记表的项目、内容

受理刑事案件登记表为一式一联表格式文书，其填写的项目、内容有：文书编号、报案人姓名、性别、年龄、住址、单位、电话、报案方式、发案时间、发案地点、犯罪嫌疑人姓名、性别、年龄、单位及住址、特征及特殊标记、简要案情(受害情况、损失

物品数量、特征)、领导批示、处理结果、受理人签名和受理时间等。

其中简要案情的书写包括:

1. 案件来源。

2. 已知的案件情况。

3. 犯罪行为所造成的损失后果。

(三)范文

<table>
<tr><td rowspan="2">控告检举人</td><td>姓名</td><td>××</td><td>女,×岁</td><td>单位</td><td>矿务局招待所</td><td>报案方式</td><td>口头</td></tr>
<tr><td>住址</td><td colspan="2">矿务局招待所宿舍</td><td>报案时间</td><td colspan="3">1999 年 10 月 7 日 8 时 20 分</td></tr>
<tr><td>发案时间</td><td colspan="4">约 1999 年 10 月 7 日晚 6 时</td><td>发案地点</td><td colspan="2">矿务局招待所管理室</td></tr>
<tr><td rowspan="2">被告人或犯罪嫌疑人</td><td>姓名</td><td colspan="3"></td><td>单位</td><td colspan="2"></td></tr>
<tr><td>特征</td><td colspan="3"></td><td></td><td colspan="2"></td></tr>
<tr><td colspan="8">简要案情
1999 年 10 月 7 上午 8 时,矿务局招待所管理室工作人员××报称:早上 7 时 50 分去管理室上班,进门发现办公桌、窗户玻璃、保险柜的 3 把暗锁、2 把明锁被撬,地上掉有 5 个 1 元的硬币和书报等物,并称办公室内的保险柜原有现金 1 万元。
现场已保护好,请速来勘查。</td></tr>
<tr><td colspan="8">具体受害情况、损失物品清单,特征,情况不清</td></tr>
<tr><td>领导意见</td><td colspan="7">移送××分局处理</td></tr>
<tr><td>处理情况</td><td colspan="7">立案侦查</td></tr>
</table>

受理人:××

受理时间××年×月×日

二、刑事案件立案报告书

(一)刑事案件立案报告书的概念、功能

1. 刑事案件立案报告书,是指公安机关侦查人员对受理刑事案件的材料经过审查,认为符合立案条件,且属于公安机关管辖的案件,报请领导审批是否立案的文书。

2. 刑事案件立案报告书功能：刑事案件立案报告书一经领导批准后即确认案件成立，此外刑事案件立案报告书对侦查工作具有指导意义。

（二）刑事案件立案报告书的结构

刑事案件立案报告书由首部、正文和尾部三部分组成。

1. 首部——标题和编号。

2. 正文：
- 立案的事实根据
- 立案的法律根据和理由（援引我国《刑事诉讼法》第八十六条的规定）
- 侦查计划

3. 尾部——结束语和制作单位、日期并加盖公章。

三、侦查工作方案

（一）侦查工作方案的概念和功能

1. 侦查工作方案，是指公安机关根据已经掌握的案情材料，在初步对案件进行分析和判断的基础上，提出如何开展侦查工作的具体意见，报请领导审批的一种书面报告。

2. 侦查工作方案的功能：侦查工作方案一经批准，就要付诸实施，对侦查工作起指导作用。

（二）侦查工作方案的结构

侦查工作方案的具体写作格式与刑事案件立案报告书基本相同。

四、刑事案件破案报告书

（一）刑事案件破案报告书的概念和功能

1. 刑事案件破案报告书，是指公安机关办案部门，查明了犯罪事实、认定了犯罪嫌疑人并取得了确凿证据的刑事案件，报请领导批准破案时制作的文书。

2. 刑事案件破案报告书的功能：

①可以供负责人考虑是否破案及破案后的进一步措施。

②确保办案的质量、检查侦查工作。

③书写结案报告与起诉意见书的依据。

（二）刑事案件破案报告书的结构

刑事案件破案报告书由首部、正文和尾部三部分组成。

1. 首部——文书的标题和编号。

2. 正文
- 案件的侦查结果
- 破案的理由和根据（依据《公安机关办理刑事案件程序规定》第 166 条）
- 破案的组织分工和方法步骤
- 其他破案措施和下一步的工作意见

3. 尾部——结束语和制作单位、日期并加盖公章。

五、通缉令

（一）通缉令的概念和功能

1. 通缉令，是指公安机关依法通缉罪该逮捕而在逃的或者被拘留、逮捕后脱逃的犯罪嫌疑人以及从监狱中逃跑的罪犯而制作的法律文书。通缉令是县级以上公安机关专用的文书。

2. 通缉令的功能：通缉令具有法律的强制力，对广大公安干警和人民群众来说又是一种动员令。

（二）通缉令的结构

通缉令是两联填空式文书，分正页和存根两部分。

1. 正页。正页由首部、正文和尾部三部分组成。

①首部——标题、编号和发布范围。

②正文
- 简要案情
- 被通缉犯罪嫌疑人的基本情况
- 工作要求和注意事项
- 联系人及联系方式
- 附项

③尾部
- 右下方——发文的日期及单位公章
- 左下方——注明通缉令抄送部门的名称

2. 存根。填写的内容包括：标题、编号、犯罪嫌疑人的基本情况、通缉原因、通缉时间、批准人、承办人、填发时间、填发人等。

第三节　强制措施文书

强制措施类文书，常见的有五类：呈请拘传报告书和拘传证、取保候审决定书和保证书、监视居住决定书和委托书、呈请拘留报告书和拘留证、提请批准逮捕书和逮捕证。

一、呈请拘传报告书和拘传证

(一)呈请拘传报告书

1. 呈请拘传报告书的概念。呈请拘传报告书,是刑事案件承办的公安机关在侦查过程中,需要拘传犯罪嫌疑人到案接受讯问,呈请县级以上公安机关负责人审批时制作的法律文书。

2. 呈请拘传报告书的格式与结构。呈请拘传报告书由首部、正文和尾部三部分组成。

①首部——标题和编号以及犯罪嫌疑人的基本情况。

②正文{ 拘传的理由(根据《公安机关办理刑事案件程序规定》第六十条)
法律依据(援引我国《刑事诉讼法》第五十条)

③尾部——承办单位、承办人和日期。

(二)拘传证

1. 拘传证的概念。拘传证,是公安机关在侦查过程中,依法拘传犯罪嫌疑人到案接受讯问时制作的凭证文书。

2. 拘传证的结构。拘传证是填空式文书,由正页和存根两联组成。

3. 范文。

( )公安局

拘 传 证

(存根)

字( )号

犯罪嫌疑人

年龄

民族

籍贯

住址

单位及职业

拘传原因

拘传时间

批准人

执行人

填发时间

填发人

( )公安局

拘 传 证

字( )号

根据《中华人民共和国刑事诉讼法》第五十条之规定,兹派我局侦查员　　　对居住在　　　的　　　予以拘传。

局长(印)

公安局(印)

×年×月×日

本证已于× 年×月×日×时向我宣布

被拘传人

二、取保候审决定书和保证书

(一)取保候审决定书

1.取保候审决定书的概念。取保候审决定书,是公安机关在侦查过程中对犯罪嫌疑人采取取保候审措施时,制作的法律文书。

2.取保候审决定书的结构。取保候审决定书是填空式文书,分正页和存根两联。

(1)正页。由首部、正文和尾部三部分组成。

①首部——标题和编号。

②正文:
- 填写犯罪嫌疑人的姓名
- 取保候审的原因
- 保证人姓名或交纳保证金的数额
- 犯罪嫌疑人在取保候审期间应当遵守的规定
- 犯罪嫌疑人违反规定,已交纳的保证金,予以没收

③尾部——注明日期并加盖公章。

(2)存根。填写的内容包括:标题、编号、犯罪嫌疑人的基本情况、取保原因、取保时间、批准人、保证人或交纳保证金的数额、执行人、填发时间和填发人等。

(二)保证书

1.保证书的概念。保证书,是指保证人向决定取保候审的机关出具的保证犯罪嫌疑人在取保候审期间遵守取保候审相关规定的担保性文书。

2. 保证书的结构。保证书是填空式的文书,由保证人填写。

3.范文

保证书

我现住　　　　,单位及职业　　　　,与犯罪嫌疑人　　　　是　　　　关系。

我自愿向　　　　公安局作如下保证:

我监督犯罪嫌疑人　　　　在取保候审期间遵守《中华人民共和国刑事诉讼法》第五十六条之规定,如发现犯罪嫌疑人可能发生或者已经发生违反《中华人民共和国刑事诉讼法》第五十六条之规定的行为,我即设法制止并及时向公安机关汇报,如有违反,愿接受法律制裁。

此致

××公安局

保证人 ××

×年×月×日

［评析］一般而言，保证书均是填空式的法律文书，该类文书的结构和内容是固定的，使用时只需要具体填写即可。

三、监视居住决定书和委托书

(一)监视居住决定书和委托书的概念

1.监视居住决定书，是指公安机关依法决定对犯罪嫌疑人采取监视居住措施时制作的法律文书。

2.监视居住委托书，是公安机关依法决定对犯罪嫌疑人采取监视居住措施，委托犯罪嫌疑人居住的派出所对其活动进行监视时制作的法律文书。

(二)监视居住决定书和委托书的结构

监视居住决定书和委托书是三联填空式文书：第一联为决定书，第二联为委托书，第三联为存根。

1.监视居住决定书。

①首部——标题和编号。

②正文
- 监视居住的理由
- 监视居住的法律依据
- 执行机关
- 犯罪嫌疑人应遵守的相关规定

③尾部——注明日期并加盖公章。

2.监视居住委托书
- 首部——标题和编号
- 正文——填空式文字
- 尾部——日期并加盖公章

3.存根
- 首部
  - 标题——监视居住决定书、委托书，下方有“(存根)”字样
  - 编号——与决定书相同
- 正文——犯罪嫌疑人的基本情况、监视原因与时间、委托人名称、批准人和办案人、填发时间和填发人

四、呈请拘留报告书和拘留证

(一)呈请拘留报告书

1.呈请拘留报告书的概念。呈请拘留报告书，是指公安机关依法拘留现行犯或者重大嫌疑分子，由承办单位和承办人填写呈报县级以上公安机关负责人批准的法律文书。

2.呈请拘留报告书的结构。呈请拘留报告书，由首部、正文和尾部三部分

组成。

①首部——标题和编号以及被拘留人的基本情况。

②正文 { 拘留的理由(援引我国《刑事诉讼法》第六十一条之规定)
拘留的法律依据(根据我国《刑事诉讼法》第六十一条之规定)

③尾部——承办单位、承办人和日期。

(二)拘留证

1.拘留证的概念。拘留证,是公安机关依法对现行犯或重大嫌疑分子执行拘留时制作的凭证性法律文书。

2.拘留证的结构。拘留证是三联填空式文书:第一联为正页,第二联为副页,第三联为存根。

①正页——由首部、正文和尾部组成。

②副页——由首部、正文和尾部组成。

③存根——由首部和正文组成。

五、提起批准逮捕书和逮捕证

(一)提请批准逮捕书

1.提请批准逮捕书的概念。提请批准逮捕书,是公安机关对符合《刑事诉讼法》第六十条第一款规定的逮捕条件的犯罪嫌疑人,提请同级人民检察院批准逮捕时制作的法律文书。

2.提请批准逮捕书的结构 。提请批准逮捕书由首部、正文和尾部三部分组成。

①首部 { 标题和编号
犯罪嫌疑人的基本情况
过渡性文字"经我局侦查,犯罪嫌疑人××有下列犯罪事实"

②正文 { 犯罪事实
法律依据(援引我国《刑事诉讼法》第六十条第一款和第六十六条规定)

③尾部——写明致送机关、日期、公安局长盖章、公安局公章及附项。

(二)逮捕证

1.逮捕证的概念。逮捕证,是指公安机关执行逮捕犯罪嫌疑人或被告人时签发的一种凭证文书。

2.逮捕证的结构。逮捕证为填空式三联文书:第一联为正页,第二联为副页,第三联为存根。

3.结构样式。

××公安局 逮 捕 证 （存根） 字（ ）号 犯罪嫌疑人 民族 籍贯 住址 单位及职业 逮捕原因 批准逮捕时间 批准或执行机关 执行人 填发时间 填发人	××公安局 逮 捕 证 字（ ）号 根据《中华人民共和国刑事诉讼法》第五十九条之规定，经＿＿＿人民＿＿＿院批准/决定，兹派我局侦查人员 对居住在　　　的 执行逮捕。 局长（印） 公安局（印） 年　月　日 本证已于×年×月×日 时向我宣布 被捕人	××公安局 逮 捕 证 字（ ）号 （副页） 根据《中华人民共和国刑事诉讼法》第五十九条之规定，经　　人民　　院批准/决定，兹派我局侦查员 对居住在的　　执行逮捕，　　现送 看守所关押。被捕人住址 逮捕原因 逮捕时间 局长（印） 公安局（印） ×年×月×日

第四节　延长羁押期限文书

延长羁押期限类文书常用的有三种：提请批准延长侦查羁押期限意见书、呈请批准重新计算羁押期限报告书、延长羁押期限通知书。

一、提请批准延长侦查羁押期限意见书

（一）提请批准延长羁押期限意见书的概念

提请批准延长羁押期限意见书，是公安机关依法向上一级人民检察院提请批准延长犯罪嫌疑人在侦查中羁押期限时制作的法律文书。

(二)提请批准延长羁押期限意见书的结构

提请批准延长羁押期限意见书是两联填空式文书,包括正页和存根。

1. 正页。由首部、正文和尾部组成。

①首部——标题和编号以及收文单位("××人民检察院")。

②正文
- 写明检察院批准逮捕犯罪嫌疑人的有关情况
- 提请批准延长羁押期限的理由
- 提请批准延长羁押期限的法律依据

③尾部——注明日期并加盖公安机关的公章。

2. 存根。填写内容包括:标题、编号、犯罪嫌疑人的基本情况、批准人、逮捕时间、延长时间、送往单位、填发时间、填发人等。

二、呈请批准重新计算侦查羁押期限报告书

(一)呈请批准重新计算侦查羁押期限报告书的概念

呈请批准重新计算侦查羁押期限报告书,是公安机关办案单位在侦查过程中,发现已被逮捕羁押的犯罪嫌疑人另有重要罪行,依法呈请县级以上公安机关负责人批准重新计算侦查羁押期限的书面报告。

(二)呈请批准重新计算侦查羁押期限报告书的结构

呈请批准重新计算侦查羁押期限报告书由首部、正文和尾部三部分组成。

1. 首部——标题和编号。

2. 正文
- 写明犯罪嫌疑人的基本情况
- 犯罪嫌疑人被逮捕的原因和时间
- 呈请批准重新计算侦查羁押期限的理由
- 呈请批准重新计算侦查羁押期限的法律依据

3. 尾部——注明日期、承办人、写明"妥否,请批示"。

第五节　侦查终结文书

侦查终结类文书常用的有三种:起诉意见书、呈请撤销案件报告书、撤销案件通知书。

一、起诉意见书

(一)起诉意见书的概念

起诉意见书,是指公安机关就侦查终结的案件,认为犯罪嫌疑人涉嫌某罪,应

当追究其刑事责任，依法向同级人民检察院提出起诉意见时制作的法律文书。

（二）起诉意见书的功能

1.起诉意见书是公安机关对侦查终结案件的总结和结论。

2.起诉意见书是公安机关提请检察机关审查，决定是否起诉的文书。

（三）起诉意见书的结构内容和写作方法

起诉意见书由首部、正文和尾部三部分组成。

1.首部。首部包括：标题、编号、犯罪嫌疑人的姓名、性别、年龄、民族、籍贯、文化程度、单位、职业、住址、违法犯罪经历，然后用过渡性语句："经我局侦查终结，证实犯罪嫌疑人××有以下犯罪事实："。

2.正文。

正文包括：犯罪事实和提出起诉意见的理由和法律根据。

注意事项：①全面、准确；②罪与非罪；③分清不同的人在不同的案件中的作用；④应用法条准确、定性要准；⑤受害人提起附带民事诉讼的，应当在意见书中列出。

3.尾部。尾部包括：送达用语、公安局长印章、公安局公章、时间。

4.附注。文末的左下方写明附注事项：

①羁押地点；

②卷宗××卷；

③随卷移送的案件赃物、证物情况。

（四）范文

增城市公安局
起 诉 意 见 书

增公诉字（2001）481号

犯罪嫌疑人徐××，男，1962年8月12日生，汉族，广东省××市人，高中文化程度，农民，捕前住××镇××村桥×队×号。

违法犯罪经历：1986年9月25日犯盗窃罪被从化县人民法院判处有期徒刑二年。1988年5月20日刑满释放回家务农。2001年8月7日因涉嫌抢劫被我局刑事拘留，同月28日经增城市人民检察院批准逮捕。

犯罪嫌疑人林××，男，1958年12月14日生，汉族，福建省××县人，初中文化程度，农民，捕前住××区××镇××南片。

违法犯罪经历：2001年8月14日因涉嫌抢劫被我局刑事拘留，同月28日经增城市人民检察院批准逮捕。

经本局侦查终结，证实犯罪嫌疑人徐××、林××有下列犯罪事实：

犯罪嫌疑人徐××与陈××（在逃）互相纠合并商量策划后，于2000年5月18日晚上6时许，携带电饭煲电线窜至广州市××路高速公路出入附近，借以租搭的士从从化温泉接人再转去深圳为由，骗得受害人何××驾驶日产蓝鸟小车（车牌号码粤AM7902）搭租二犯罪嫌疑人前往，待行至白云区太和镇往九佛镇途中，犯罪嫌疑人徐××借故叫受害人停车后，随后二犯罪嫌疑人即采取捆颈、殴打手段，当场将受害人何××杀死车内，抢得受害人蓝鸟小车一辆（价值136 350元）6110型诺基亚手机一台（价值750元）及部分现款及财物一批，然后将尸体运往九佛东路的坳岗路段淋汽油焚尸。后犯罪嫌疑人徐××驾驶抢得的小车套上假军牌开往广西钦州低价销赃获利，破案后被我局缴回赃车。

犯罪嫌疑人徐××、林××与庚××（在逃）互相纠合，经密谋策划后，于2001年6月16日下午携带电饭煲电线、腰包带等工具窜到广州市海珠区某镇医院附近，以租搭小汽车到从化市区为名，诱骗事主刘××驾驶的粤A5K×××号捷达小汽车搭其三犯罪嫌疑人前往，行至民乐茶场荔枝园时，即采取捆颈勒颈及殴打等手段，将事主刘××杀害在车上，抢得事主捷达小车一辆（价值114 240元），诺基亚5110型手机一台（价值700元），现款100多元。得手后将尸体运致本市派潭镇高公路段汉湖村石灰窑山上抛尸后再淋浇汽油焚尸，然后逃离现场，事后犯罪嫌疑人徐××将抢得的小车套上假军牌开往广西钦州低价销赃获利挥霍，后被我局查破归案。

综上所述，犯罪嫌疑人徐××、林××的行为已触犯了《中华人民共和国刑法》第二百六十三条，涉嫌抢劫罪。根据《中华人民共和国刑事诉讼法》第一百二十九条之规定，特将本案移送审查，依法起诉。

此致

增城市人民检察院

增城市公安局（印）

局长（印）

2001年10月8日

附：

1. 犯罪嫌疑人徐××、林××现押于增城市看守所。
2. 本案的预审卷宗共八册。
3. 审讯录音带四盒。
4. 缴回的赃车暂存本局刑警大队。

［评析］本案中犯罪嫌疑人是多次作案，对此，起诉意见书按照时间先后的顺序进行了详细的描述。对犯罪事实的描述较为清楚，但本文的不足之处在于：虽然徐××等人是共同犯罪，但起诉意见书并未分清不同犯罪嫌疑人在案件中的不同作用，这样，检察机关的起诉工作，因此，最好对几人的行为涉嫌抢劫罪分开进行论述。

二、撤销案件通知书

（一）撤销案件通知书的概念

撤销案件通知书，是公安机关对经人民检察院批准逮捕的犯罪嫌疑人，经过侦查，发现不应当追究刑事责任，依法撤销案件时，制作告知原批捕的人民检察院的法律文书。

（二）撤销案件通知书的结构

撤销案件通知书由首部、正文和尾部三部分组成。

1. 首部——标题和编号以及收文单位名称“××人民检察院”。

2. 正文
   - 案由
   - 撤销案件的原因
   - 写明犯罪嫌疑人释放的日期
   - 法律依据

3. 尾部——公安局长印章、公安局公章、时间。

第六节　补充侦查和复议、复核文书

补充侦查和复议、复核类文书常用的有三种：补充侦查报告书、要求复议意见书、提请复核意见书。

一、补充侦查报告书

（一）补充侦查报告书的概念

补充侦查报告书，是公安机关根据人民检察院作出的补充侦查决定，对案件中需要查明的问题，经过调查核实，将查明的情况向人民检察院报告时制作的法律文书。

（二）补充侦查报告书的结构

补充侦查报告书由首部、正文和尾部三部分组成。

1. 首部——标题和编号以及收文单位名称“××人民检察院”。

2. 正文
- 案由（固定文字）
- 补充侦查结果
- 附项（"现该案预审卷宗×卷及补充侦查材料×页附后，请审查。"）

3. 尾部——公安局公章、时间。

二、要求复议意见书

（一）要求复议意见书的概念

要求复议意见书，是公安机关认为同级人民检察院不批准逮捕决定或者不起诉决定有错误，依法要求同级人民检察院对其决定重新复议时制作的法律文书。

（二）要求复议意见书的结构

要求复议意见书由首部、正文和尾部三部分组成。

1. 首部——标题和编号以及收文单位名称"××人民检察院"。

2. 正文
- 案由（具体写法同于补充侦查报告书）
- 要求复议的理由
- 法律依据及要求

3. 尾部——公安局公章、时间。

4. 附项——注明"附本案预审卷宗共×卷×页"。

三、提请复核意见书

（一）提请复核意见书的概念

提请复核意见书，是指公安机关要求复议的意见未被同级人民检察院接受，向上一级人民检察院提请复核时制作的法律文书。

（二）提请复核意见书的结构

提请复核意见书由首部、正文和尾部三部分组成。

1. 首部——标题和编号。

2. 正文
- 案由（固定文字）
- 提请复核的理由
- 提请复核的法律依据及要求（援引我国《刑事诉讼法》作依据）

3. 尾部——送达用语、公安局公章、时间。

4. 附项——注明"附本案预审卷宗共×卷×页"。

【本章小结】

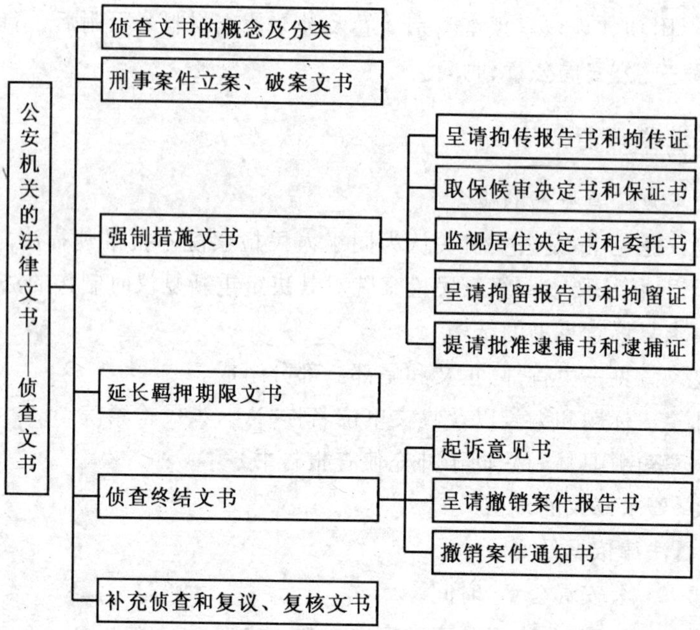

【本章练习】

一、根据下列案情材料，按照法律文书写作的要求，拟写一份提请批准逮捕书

犯罪嫌疑人王×于2000年10月7日上午9时30分左右，尾随在小区菜市场买菜的李×（女，68岁，离休干部）至×市白云山居民小区×号楼×单元×号室，紧随李×入室后即行抢劫，被害人李×便大声叫喊："有人抢劫！"犯罪嫌疑人王×听到被害人叫喊，立即用弹簧刀猛刺被害人李×腹部三刀，李×当即昏倒在地，犯罪嫌疑人王×立即上前抢走被害人所戴24K金戒指1枚、金项链1条、上海牌手表1块，然后逃离现场。被害人李×被闻声赶来的群众送往医院，但因流血过多，于当日中午13时5分死亡。

案件发生后，A市公安局立即组织力量侦破，于2000年10月10日凌晨在×市火车站将王×抓获，并从其身上搜出24K金戒指1枚、金项链1条、上海牌手表1块等赃物。同日将王×押回×市公安局审讯，犯罪嫌疑人王×供述了抢劫犯罪事实，于是×市公安局立即将王×刑事拘留。

上述事实证明，犯罪嫌疑人王×的行为触犯了《中华人民共和国刑法》第二百六十三条之规定，涉嫌抢劫罪。根据《中华人民共和国刑事诉讼法》第六十条第一款、第六十六条之规定，特提请批准逮捕。

犯罪嫌疑人王×，男，1972年12月20日生，××省A市人，现住在×市××路××号，系××省×市建筑工人，汉族。1979—1985年在××小学上学。1985—1988年在××中学上初中。1988—1993年在家待业。1993—2000年在A市建筑公司当工人。

附：《中华人民共和国刑法》第二百六十三条规定：以暴力、胁迫或者其他方法抢劫公私财物的，处三年以上十年以下有期徒刑，并处罚金；有下列情形之一的，处十年以上有期徒刑、无期徒刑或者死刑，并处罚金或者没收财产：(一)入室抢劫的；(二)……

《中华人民共和国刑事诉讼法》第六十条第一款规定：对有证据证明有犯罪事实，可能判处徒刑以上刑罚的犯罪嫌疑人、被告人，采取取保候审、监视居住等方法，尚不足以防止发生社会危险法，而有逮捕必要的，应即依法逮捕。第六十六条规定：公安机关要求逮捕犯罪嫌疑人的时候，应当写出提请批准逮捕书，连同案卷材料、证据，一并移送同级人民检察院审查批准。必要的时候，人民检察院可以派人参加公安机关对于重大案件的讨论。

二、根据下列案情材料，按照法律文书写作的要求，拟写一份起诉意见书

2001年5月，王×、李×两人来到××市，5月21日，两人因经济窘迫，王×提议抢劫，并购置了匕首、地图。当晚，两人窜至黑池公园，发现了本案的受害人王×与其女友李×正在散步，即上前实施抢劫，在打斗过程中，李×让王×用刀捅，王×遂用刀连捅三刀，致受害人王×当场死亡，后两人分别逃亡，王×在火车站被公安人员抓获，李×后在其老家被公安人员抓获，现关押于东港市拘留所。请制作一份起诉意见书。

【参考范文】

××公安局

提请批准逮捕书

×公刑捕字(2000)××号

犯罪嫌疑人王×，男，1972年12月20日生，××省×市人，现住在×市××路××号，系××省A市建筑工人，汉族。

王×1979—1985年在××小学上学。1985—1988年在××中学上初中。1988—1993年在家待业。1993—2000年在×市建筑公司当工人。2000年10月

10 日被我局刑事拘留。

经我局侦查,犯罪嫌疑人王×犯有下列犯罪事实:

犯罪嫌疑人王×于 2000 年 10 月 7 日上午 9 时 30 分左右,尾随在小区菜市场买菜的李×(女,68 岁,离休干部)至×市×××居民小区×号楼×单元×号室,紧随李×入室抢劫,后因被害人李×大声叫喊,犯罪嫌疑人随即用弹簧刀猛刺被害人李×腹部三刀,致被害人李×当即昏迷,犯罪嫌疑人王×抢走被害人所戴 24K 金戒指 1 枚、金项链 1 条、上海牌手表 1 块,后逃离现场。被害人李×后被闻声赶来的群众送往医院,但因流血过多,于当日中午 13 时 5 分死亡。

案件发生后,×市公安局立即组织力量侦破,于 2000 年 10 月 10 日凌晨在×市火车站将王×抓获,并从其身上搜出 24K 金戒指 1 枚、金项链 1 条、上海牌手表 1 块等赃物。经×市公安局审讯,犯罪嫌疑人王×供述了其抢劫犯罪事实。

上述事实证明,犯罪嫌疑人王×的上述行为触犯了《中华人民共和国刑法》第二百六十三条之规定,涉嫌抢劫罪。根据《中华人民共和国刑事诉讼法》第六十条第一款第六十六条之规定,特提请批准逮捕。

此致

××市人民检察院

××市公安局(印)

局长(印)

2000 年 10 月 12 日

附:案卷材料壹卷

[评析] 本篇提请批准逮捕书的结构完整,对犯罪的过程及侦查过程描述清晰,且详略得当,值得学习。

第四章　人民检察院法律文书
——检察文书

知识目标

- 了解检察文书的概念及分类。
- 理解常用检察文书的写作要求和格式。
- 掌握刑事案件公诉法律文书的制作方法。

技能目标

- 能够理解检察文书的特点及制作要求。
- 能够进行刑事案件公诉法律文书的制作。
- 熟练制作起诉书和公诉意见书。

引言

本章是有关人民检察院制作的法律文书的介绍。学习本章要注意检察文书的概念、分类，通常使用的检察文书写作的具体要求。本章的重点是第四节刑事案件公诉法律文书。在学习方法上，要结合着具体的法律文书，掌握写作的结构、内容、方法。

第一节　概　　述

一、人民检察院法律文书的概念与功用

（一）人民检察院法律文书的概念

人民检察院法律文书，简称检察文书，是各级人民检察院为实现检察职能，依法制作的具有法律效力和法律意义的司法文书。

(二)人民检察院法律文书的功用

人民检察院法律文书,是各级人民检察院行使检察权的重要凭证,是保证法律事实的重要工具,是办理案件的客观记录,是总结经验和复查案件的重要依据,也是法制宣传的重要材料。

二、人民检察院法律文书的分类

1. 按案件的性质
   - 刑事案件文书
   - 民事、行政案件文书
2. 按业务部门分工和案件来源
   - 刑事检察文书
   - 直接受理侦查文书
   - 监所检察文书
   - 控告、申诉检察文书
   - 民事、行政检察文书

三、写作方面的注意事项

1. 准确规范,制作各种检察文书要遵循规定的格式,规定项目要填写齐全,语言应准确、精炼。

2. 严格依法,制作各种检察文书都必须按照我国法律和司法机关规定的程序,做出具体决定时要有针对性的法律依据。

3. 说理充分,做出的各种决定必须有理有据,充分说明其制作理由。

4. 办理及时,文书的制作须严格遵循规定的办案期限,保证在法定的期限内办结。

第二节 刑事案件立案法律文书

立案法律文书,是指人民检察院在办理直接受理侦查的案件时人民检察院审查处理公安机关对应当立案的案件未立案侦查时,所制作的法律文书。常用的刑事案件立案法律文书有以下六种:立案决定书、批准直接受理决定书、补充立案决定书、不立案通知书、要求说明不立案理由通知书和通知立案书。

一、立案决定书

(一)立案决定书的概念

立案决定书,是指人民检察院对本院管辖范围内的案件线索,经过审查,认为有犯罪事实需要追究刑事责任，决定立案侦查时制作的检察文书。立案决定书是人民检察院在审查起诉阶段前最主要的检察文书之一。

（二）立案决定书的结构

立案决定书为两联填空式文书：第一联为存根，第二联为正本。

1.第一联为存根，按要求在项目的空白处填写即可。

2.第二联为正本，由首部、正文和尾部组成。

①首部——制作文书的人民检察院名称、文书名称、文书编号。

②正文
- 法律依据
- 决定事项（“本院决定对犯罪嫌疑人××涉嫌××一案立案侦查”）

③尾部——检察长、人民检察院院印、制作文书时间。

二、批准直接受理决定书

（一）批准直接受理决定书的概念

批准直接受理决定书，是指省级以上人民检察院对下级人民检察院的提请批准直接受理书经过审查，认为符合法律规定的条件，决定批准下级人民检察院直接受理案件制作的检察文书。

（二）批准直接受理决定书的结构

批准直接受理决定书为三联填充式文书：第一联为存根，第二联为副本，第三联为正本。

注意：副本与正本的内容是完全相同的，其结构包括首部、正文和尾部。

1.首部——制作文书的人民检察院名称、文书名称、文书编号。

2.正文
- 制作文书的人民检察院名称
- 案件来源（“你院××年×月×日×号提请批准直接受理书收悉”）
- 法律依据（根据我国《刑事诉讼法》第十八条）
- 决定事项（“经审查，决定批准你院对犯罪嫌疑人××涉嫌××案直接受理”）

3.尾部——制作文书的省级以上人民检察院院印、制作文书时间。

三、补充立案决定书

（一）补充立案决定书的概念

补充立案决定书，是指人民检察院对已经立案侦查的案件，又发现了新的共同犯罪嫌疑人，需要并案侦查时补充制作的文书。

(二)补充立案决定书的结构

补充立案决定书的制作要求与立案决定书的大致相似。补充立案决定书只适用于对新发现的犯罪嫌疑人需要并案侦查时才能制作,如果发现新的犯罪嫌疑人,不需要并案侦查时,需要作另案处理更为适宜时,则应制作立案决定书。

四、不立案通知书

(一)不立案通知书的概念

不立案通知书,是指人民检察院对于控告的材料进行审查后决定不予立案,将不立案的决定及原因通知控告人时所制作的文书。

(二)不立案通知书的结构

不立案通知书为三联填充式文书:第一联为存根,第二联为副本,第三联为正本。

1. 第一联为存根,按要求在项目的空白处填写即可。

2. 第二联为副本、第三联为正本,均由首部、正文和尾部组成,制作内容基本相同。

①首部——制作文书的人民检察院名称、文书名称、文书编号。

②正文:
- 控告人姓名和控告单位名称
- 案件来源
- 不立案的理由
- 法律依据(分情况分别引用我国《刑事诉讼法》第八十六条或第十五条)
- 决定事项("决定不予立案")
- 告知复议权

③尾部——制作文书的人民检察院院印、制作文书时间。

五、要求说明不立案理由通知书

(一)要求说明不立案理由通知书的概念

要求说明不立案通知书,是指人民检察院发现公安机关对应当立案侦查的案件不立案侦查的,依法要求公安机关说明不立案理由时制作的文书。

(二)要求说明不立案理由通知书的结构

要求说明不立案理由通知书为三联填充式文书:第一联为存根,第二联为副本,第三联为正本。

1. 第一联为存根,按要求在项目的空白处填写即可。

2. 第二联为副本、第三联为正本,均由首部、正文和尾部组成,制作内容基本相同。

①首部——制作文书的人民检察院名称、文书名称、文书编号、应送达的公安机关。

②正文{法律依据(根据我国《刑事诉讼法》第八十七条的规定)
要求事项(固定文字)

③尾部——人民检察院院印、制作文书时间。

六、通知立案书

(一)通知立案书的概念

通知立案书,是指人民检察院在立案监督工作中,认为公安机关说明的不立案理由不能成立或公安机关不说明不立案理由的,但经人民检察院审查符合立案条件,通知公安机关立案时制作的法律文书。

(二)通知立案书的结构

通知立案书为文字叙述式文书,内容分为首部、正文和尾部。

1. 首部——制作文书的人民检察院名称、文书名称、文书编号、发往单位名称。

2. 正文{案件来源
应当立案案件的事实根据和法律根据
法律依据和要求事项(根据我国《刑事诉讼法》第八十七条的规定)

3. 尾部——人民检察院院印、制作文书时间。

第三节 刑事案件侦查法律文书

刑事案件侦查法律文书,是指人民检察院按照刑事诉讼法规定的程序,对直接受理的案件进行侦查,以及对公安机关侦查的案件审查批准逮捕,审查办理延长羁押期限手续时制作的各种文书。常用的刑事案件侦查法律文书有:批准聘请律师决定书、批准会见在押犯罪嫌疑人决定书、拘留决定书、逮捕决定书、逮捕案件审查报告、批准逮捕决定书、应当逮捕犯罪嫌疑人意见书、不批准逮捕决定书、不予批准逮捕决定书、批准延长羁押期限决定书、重新计算侦查羁押期限决定书、撤销案件决定书、起诉意见书、不起诉意见书、侦查终结报告。

一、批准聘请律师决定书

(一)批准聘请律师决定书的概念

批准聘请律师决定书,是指人民检察院在侦查涉及国家机密案件的过程中,对于犯罪嫌疑人要求聘请律师提供法律帮助的,经过审查,依法批准时制作的文书。

(二)批准聘请律师决定书的结构

批准聘请律师决定书为三联填充式文书:第一联为存根,第二联为副本,第三联为正本。

1.第一联为存根,按要求在项目的空白处填写即可。

2.第二联为副本、第三联为正本,均由首部、正文和尾部组成,制作内容基本相同。

①首部——制作文书的人民检察院名称、文书名称、文书编号、请求人姓名。

②正文
- 法律依据(根据我国《刑事诉讼法》第九十六条的规定)
- 决定事项(“批准你关于聘请律师的申请”)

③尾部——人民检察院院印、制作文书时间。

二、批准会见在押犯罪嫌疑人决定书

(一)批准会见在押犯罪嫌疑人决定书的概念

批准会见在押犯罪嫌疑人决定书,是指人民检察院在侦查涉及国家机密案件的过程中,经过审查,批准受委托律师会见在押犯罪嫌疑人时制作的法律文书。

(二)批准会见在押犯罪嫌疑人决定书的结构

批准会见在押犯罪嫌疑人决定书为四联填充式文书:第一联为存根,第二联为副本,第三联为正本,第四联为告知看守所的通知书。

1.第一联为存根,按要求在项目的空白处填写即可。

2.第二联为副本、第三联为正本、第四联为通知书联,均由首部、正文和尾部组成,制作内容基本相同。

①首部——制作文书的人民检察院名称、文书名称、文书编号、申请律师的姓名。

②正文
- 法律依据(根据我国《刑事诉讼法》第九十六条的规定)
- 决定内容(“同意你会见在押犯罪嫌疑人××”)
- 同意会见的时间及地点
- 会见时侦查人员是否在场

③尾部——人民检察院院印、制作文书时间。

三、拘留决定书

(一)拘留决定书的概念

拘留决定书,是指人民检察院在办理直接受理侦查案件的过程中,依法决定拘留犯罪嫌疑人时制作的文书。本文书是人民检察院决定拘留犯罪嫌疑人的凭证,也是公安机关拘留的依据。

(二)拘留决定书的结构

拘留决定书为四联填充式文书:第一联为存根,第二联为副本,第三联为正本,第四联为回执。

1. 第一联为存根,按要求在项目的空白处填写即可。

2. 第二联为副本、第三联为正本、第四联为回执,均由首部、正文和尾部组成,制作内容基本相同。

①首部——制作文书的人民检察院名称、文书名称、文书编号。

②正文
- 犯罪嫌疑人的姓名、性别、出生年月日及居住地
- 犯罪嫌疑人涉嫌的罪名
- 制作文书的法律依据(根据我国《刑事诉讼法》第一百三十二条的规定)
- 决定事项及要求("本院决定对其刑事拘留,请即执行")

③尾部——致送××公安局、人民检察院院印、制作文书时间。

四、逮捕决定书

(一)逮捕决定书的概念

逮捕决定书,是指人民检察院在办理直接受理侦查案件的过程中,依法决定逮捕犯罪嫌疑人时制作的文书。注意与批准逮捕决定书相区别,本文书是人民检察院决定逮捕犯罪嫌疑人的凭证,也是公安机关执行逮捕的依据。

(二)逮捕决定书的结构

逮捕决定书为四联填充式文书:第一联为存根,第二联为副本,第三联为正本,第四联为回执。

1. 第一联为存根,按要求在项目的空白处填写即可。

2. 第二联为副本、第三联为正本、第四联为回执,均由首部、正文和尾部组成,制作内容基本相同。

①首部——制作文书的人民检察院名称、文书名称、文书编号。

②正文
- 犯罪嫌疑人的姓名及其涉嫌的罪名
- 制作文书的法律依据(根据我国《刑事诉讼法》第六十条和一百三十二条的规定)
- 决定事项及要求("决定予以逮捕")

③尾部——致送××公安局、人民检察院院印、制作文书时间。

④附注——犯罪嫌疑人的基本情况。包括:犯罪嫌疑人的姓名、性别、年龄、民族、职业、现住址、身份证号码等。

（三）范文

××市××区人民检察院
逮捕决定书

×检反贪捕（1998）23号

××区公安分局：

犯罪嫌疑人吴××涉嫌贪污一案，根据《中华人民共和国刑事诉讼法》第六十条第一款和第一百三十二条的规定，本院决定予以逮捕。

1998年2月29日

（院印）

附：

<table>
<tr><td rowspan="5">犯罪嫌疑人基本情况</td><td>姓名</td><td>吴××</td><td>性别</td><td>女</td><td>年龄</td><td>28</td><td>民族</td><td>汉</td></tr>
<tr><td>籍贯</td><td>上海市</td><td colspan="2">工作单位及职务</td><td colspan="4">××市××区××银行××储蓄所会计</td></tr>
<tr><td>现住址</td><td colspan="7">××市××区××东里×号楼第×号</td></tr>
<tr><td>家属姓名及工作单位</td><td colspan="7">丈夫王××，××市××区××中学教师</td></tr>
<tr><td></td><td colspan="7"></td></tr>
</table>

五、逮捕案件审查报告

（一）逮捕案件审查报告的概念

逮捕案件审查报告，是指人民检察院承办案件的人员对提请批准逮捕或审查逮捕的案件进行审查后，将所审查认定的案件事实、证据情况及是否应当逮捕的意见报请检察长审定时制作的诉讼内部工作文书。

（二）逮捕案件审理报告的结构

逮捕案件审理报告为文字叙述式文书，由首部、正文和尾部组成。

1. 首部——制作文书的人民检察院名称、文书名称。

2. 正文
- 案由、案件来源及承办审查情况
- 犯罪嫌疑人的基本情况
- 本案揭发和破案简要经过
- 经审查认定的本案犯罪事实及证据
- 结论性意见

3. 尾部——承办本案的检察人员签名、审结时间。

六、批准逮捕决定书

（一）批准逮捕决定书的概念

批准逮捕决定书，是指人民检察院对公安机关提请批准逮捕犯罪嫌疑人的案件审查后，依法批准逮捕犯罪嫌疑人时制作的文书。

（二）批准逮捕决定书的结构

批准逮捕决定书为四联填充式文书：第一联为存根，第二联为副本，第三联为正本，第四联为回执。

（三）范文

批准逮捕决定书

××检批捕字（　　）第　　号

××县公安局：

你局××年×月×日，以 ××公审捕字（6）号文件提请批准逮捕的拐卖妇女儿童、强奸妇女案犯罪嫌疑人唐××。经本院审查认为，该犯罪嫌疑人涉嫌拐卖妇女儿童犯罪，根据《中华人民共和国刑事诉讼法》第六十条第一款的规定，决定批准逮捕。

×年×月×日

（院印）

附：卷宗陆册。

七、应当逮捕犯罪嫌疑人意见书

（一）应当逮捕犯罪嫌疑人意见书的概念

应当逮捕犯罪嫌疑人意见书，是指人民检察院在审查公安机关提请批准逮捕的案件中，对发现应当逮捕而公安机关没有提请逮捕的，依法向公安机关提出逮捕意见时制作的文书。

（二）应当逮捕犯罪嫌疑人意见书的结构

应当逮捕犯罪嫌疑人意见书为文字叙述式文书，由首部、正文和尾部组成。

1. 首部——制作文书的人民检察院名称、文书名称、编号、提请批准逮捕的公安机关。

2. 正文
- 案由
- 应当逮捕犯罪嫌疑人的犯罪事实及证据
- 结论性意见

3. 尾部——制作文书的时间、人民检察院院印。

八、不批准逮捕决定书

(一)不批准逮捕决定书的概念

不批准逮捕决定书,是指人民检察院对公安机关等侦查机关提请批准逮捕的犯罪嫌疑人进行审查后,认为不构成犯罪的,依法作出不批准逮捕决定时制作的文书。

(二)不批准逮捕决定书的结构

不批准逮捕决定书为四联填充式文书:第一联为存根,第二联为副本,第三联为正本,第四联为回执。

1. 第一联为存根,按要求在项目的空白处填写即可。

2. 第二联为副本、第三联为正本、第四联为回执,均由首部、正文和尾部组成,制作内容基本相同。

①首部——制作文书的人民检察院名称、文书名称、文书编号、送达机关名称。

②正文
- 公安机关提请批捕的时间、文书编号、犯罪嫌疑人的姓名
- 人民检察院的审查意见
- 作出不批捕决定的法律依据(根据我国《刑事诉讼法》第六十八条)
- 决定事项("决定不批准逮捕犯罪嫌疑人××")
- 要求事项("请依法立即执行,并在3日内将执行情况通知本院")

③尾部——人民检察院院印、制作文书时间。

九、不予批准逮捕决定书

(一)不予批准逮捕决定书的概念

不予批准逮捕决定书,是指人民检察院对公安机关提请批准逮捕的犯罪嫌疑人进行审查后,认为案件事实不清、证据不足,不应批准逮捕犯罪嫌疑人,要求公安机关补充侦查,或认为犯罪嫌疑人没有逮捕必要时,作出不予批准逮捕决定时制作的文书。注意区别于不批准逮捕决定书。

(二)不予批准逮捕决定书的结构

不予批准逮捕决定书为四联填充式文书:第一联为存根、第二联为副本,第三联为正本,第四联为回执。其内容与不批准逮捕决定书大致相同。

十、批准延长侦查羁押期限决定书

(一)批准延长侦查羁押期限决定书的概念

批准延长侦查羁押期限决定书,是指上一级人民检察院或省、自治区、直辖市人民检察院对下级人民检察院、公安机关提请批准延长犯罪嫌疑人侦查羁押期限的案件进行审查后,决定批准延长时制作的文书。

(二)批准延长侦查羁押期限决定书的结构

批准延长侦查羁押期限决定书为三联填充式文书:第一联为存根,第二联为副本,第三联为正本。

1.第一联为存根,按要求在项目的空白处填写即可。

2.第二联为副本、第三联为正本,均由首部、正文和尾部组成,制作内容基本相同。

①首部——制作文书的人民检察院名称、文书名称、文书编号、提请延长侦查羁押期限的单位名称。

②正文{案件来源；制作文书的法律依据(根据我国《刑事诉讼法》第124条的规定)；决定事项}

③尾部——人民检察院院印、制作文书时间。

十一、重新计算侦查羁押期限决定书

(一)重新计算侦查羁押期限决定书的概念

重新计算侦查羁押期限决定书,是指人民检察院对于直接受理侦查的案件,在侦查期间发现被逮捕的犯罪嫌疑人另有重要罪行,决定自发现之日起重新计算侦查羁押期限时制作的文书。

(二)重新计算侦查羁押期限决定书的结构

重新计算侦查羁押期限决定书为四联填空式文书:第一联为存根,第二联为副本,第三联为正本,第四联为重新计算侦查羁押期限通知书。

1.第一联为存根,按要求在项目的空白处填写即可。

2.第二联为副本、第三联为正本、第四联为通知联,均由首部、正文和尾部组成,制作内容基本相同。

①首部——制作文书的人民检察院名称、文书名称、文书编号。

②正文
- 本院原发出的逮捕决定书的时间及文号
- 犯罪嫌疑人的姓名及其涉嫌罪名
- 侦查中又发现其另外犯有的何种罪行嫌疑
- 法律依据和重新计算的起始时间

③尾部——人民检察院院印、制作文书的时间、向犯罪嫌疑人宣布的时间、犯罪嫌疑人签名或盖章、宣告人姓名。

十二、侦查终结报告

(一)侦查终结报告的概念

侦查终结报告,是指人民检察院对于直接受理侦查的刑事案件,通过侦查认为案件已经查实,侦查可以终结时制作的文书。

(二)侦查终结报告的结构

侦查终结报告为文字叙述式法律文书,内容由首部、正文和尾部组成。

1. 首部——制作文书的人民检察院名称、文书名称、编号。

2. 正文
- 犯罪嫌疑人的基本情况、案由和案件来源
- 查证的结果
- 结论和处理意见

3. 尾部——制作文书的时间、承办人的姓名。

十三、撤销案件决定书

(一)撤销案件决定书的概念

撤销案件决定书,是指人民检察院在办理直接受理侦查的刑事案件过程中,对依法不应追究刑事责任的犯罪嫌疑人决定撤销案件时,制作的文书。

(二)撤销案件决定书的结构

撤销案件决定书为文字叙述式法律文书,内容由首部、正文和尾部组成。

1. 首部——制作文书的人民检察院名称、文书名称、编号。

2. 正文
- 犯罪嫌疑人的基本情况
- 案件名称及本院立案时间
- 撤销案件的事实、理由、法律根据
- 决定内容"现决定撤销此案"

3. 尾部——检察长姓名、发出文书的时间、人民检察院院印。

十四、起诉意见书

（一）起诉意见书的概念

起诉意见书，是指人民检察院对于直接受理侦查的刑事案件，侦查终结后，侦查部门认为需要对犯罪嫌疑人提起公诉，移送审查起诉部门审查时制作的文书。注意区别于向人民法院提起公诉时制作的起诉书。

（二）起诉意见书的结构

起诉意见书为文字叙述式法律文书，内容由首部、正文和尾部组成。

1. 首部——文书名称、编号。

2. 正文：
- 犯罪嫌疑人的基本情况
- 案由和案件来源、立案和被采取强制措施的情况
- 查明的事实和证据
- 提起起诉意见的理由、法律依据

3. 尾部——送达用语、制作文书的时间、提出移送起诉意见的侦查部门名称及盖章。

4. 附项——移送的案件材料、犯罪嫌疑人是否在押、羁押何处、扣押物品、文件清单。

十五、不起诉意见书

（一）不起诉意见书的概念

不起诉意见书，是指人民检察院直接受理侦查的刑事案件，侦查终结后，侦查部门认为犯罪嫌疑人犯罪情节轻微，需要作出不起诉决定时，移送审查起诉部门审查时制作的文书。

（二）不起诉意见书的结构

不起诉意见书为文字叙述式法律文书，内容由首部、正文和尾部组成。其文书制作内容、格式与起诉意见书大致相同。

第四节　刑事案件公诉法律文书

公诉法律文书，是指人民检察院依法行使刑事审查起诉、提起公诉、不起诉、抗诉、出席刑事审判庭审执行职务等刑事诉讼职权过程中，制作的具有法律效力和法律意义的检察文书。常用的公诉法律文书有：起诉书、公诉意见书、不起诉决定书、提请抗诉报告书、刑事抗诉书、撤回抗诉决定书和移送审查案件审查报告等。

一、起诉书

(一)起诉书的概念

起诉书,是人民检察院侦查或审查确认被告人的行为构成犯罪,依法交付审判,向人民法院提起公诉时制作的文书。

(二)起诉书的结构

起诉书为文字叙述式文书,由首部、被告的基本情况、案由和案件的审查过程、案件事实、证据、起诉要求和根据、尾部七部分组成。

结构如下:

××人民检察院刑事起诉书

检刑诉××号

一、被告人基本情况

被告人基本情况包括被告人姓名、性别、年龄、出生年月日、出生地、身份证号码、民族、文化程度、职业或工作单位及职务(国家工作人员利用职权的犯罪,应当写明犯罪期间在何单位任何职务)、住址、是否受过行政、刑事处罚,强制措施情况。

(如果是单位犯罪,应写明犯罪单位的名称、所在地址、法定代表人或代表人的姓名、性别、职务。如果还有应当负刑事责任的"直接负责的主管人员或其他直接责任人员",应当按上述被告人基本情况内容书写)

二、辩护人基本情况

辩护人基本情况包括姓名、单位、通信地址。

三、案由和案件来源

如果是公安机关侦查终结的案件,写明姓名、案由、案件来源,如"被告人××盗窃一案,由××公安局侦查终结向本院移送审查起诉"。

如果是本院侦查终结的案件,写明姓名、案由、案件来源,如"被告人××贪污一案,由本院依法侦查终结"。

如果是上级人民检察院移交起诉的或者因审判管辖的变更由同级法院移送审查起诉的,写明姓名、案由、案件来源,如"被告人××盗窃一案,由××公安局侦查终结,经××人民检察院交由本院审查起诉"或"被告人××盗窃一案,由××公安局侦查终结,××人民检察院提起公诉,××人民法院经××人民法院转至本院审查起诉……"

四、案件事实

案件事实包括犯罪时间、地点、经过、手段、目的、动机、危害后果等与定罪量刑有关的事实要素,可写为:"经依法审查表明……

概括叙写经检察机关审查认定的明确的指控犯罪事实。应当根据具体的案件情况，围绕刑法规定的罪的构成要件，特别是犯罪特征，简明扼要叙写。

如果被告人犯有数罪或多次实施犯罪的，应当一一列举各项犯罪事实。对于共同犯罪的案件要写明各被告人在共同犯罪中的地位、作用。

上述犯罪事实清楚，证据确实、充分，足以认定”。

五、起诉的根据和理由

起诉的根据和理由包括被告人触犯的刑法条款，犯罪性质，从轻、减轻或者从重、加重处罚的情节，共同犯罪各被告应负的罪责等。

本院认为……（概括论述被告人行为的危害程度、行为性质、轻重情节），被告人×××的行为触犯了《中华人民共和国刑法》第×条（引用罪状、法定刑条款和从重、从轻处罚的量刑条款），依法应当从重（轻）处罚。根据《中华人民共和国刑事诉讼法》第一百四十一条的规定，提起公诉，请依法惩处（严惩）。

此致

××人民法院

检察员

×年×月×日（院印）

附注：包括被告人现在处所，所附证据目录、证人名单、主要证据复印件或照片的清单。

（三）范文评析

[范文一]

××市××区人民检察院

起诉书

××检刑起(2000)××号

被告人高××，男，40岁，江苏省××市人，汉族，高中文化程度，系×××区××航运公司汽车驾驶员，住本市×××区栖山路×弄×号××室。2000年4月30日因涉嫌过失致人死亡罪被××市××区公安局取保候审，2000年9月12日本院以其涉嫌故意杀人罪决定逮捕，次日由××区公安局执行，现羁押于××区看守所。

被告人高××过失致人死亡一案，由××区公安局侦查终结移送本院审查起诉。

经依法审查查明：

2000年3月27日14时50分许，被告人高××驾驶沪AB—2722五十铃型清洁车，沿本区唐家弄路向南行驶至杨高中路口时，因碰擦正在行走的被害人陈××而发生纠纷，但是被告人高××并未下车解决纠纷，继续驾车行驶，被害人陈××

即上前用手吊住驾驶室的左侧车门，要求高停车，被告人高××边驾车边用手推搡吊在车门上的被害人陈××，并把被害人陈××推下车，致被害人陈××倒地后被该车的左后轮碾过身体而当场死亡。经鉴定，被害人陈××系生前因车轮碾压造成胸腹重要脏器严重挤压伤，致多器官功能衰竭而死亡。

上述指控犯罪，事实清楚，证据确实、充分，足以认定。

本院认为，被告人高××在驾车高速行驶中故意推人下车造成他人死亡的后果，其行为已触犯了《中华人民共和国刑法》第二百三十二条之规定，构成故意杀人罪。为严肃国家法制，保护公民的人身权利不受侵犯，根据《中华人民共和国刑事诉讼法》第一百四十一条之规定，特提起公诉，请依法审判。

此致

××市××区人民法院

检察员

代理检察员

二〇〇〇年九月十五日

（院印）

附：1. 随案移送主要证据复印件一份；

2. 证据目录一份；

3. 附带民事诉状一份。

［评析］该份起诉书格式符合要求，由于案情较为简单，叙述也较为简略，是介绍的十分清楚。需要注意的是，本案的公安机关移送检察机关起诉的罪名是过失致人死亡罪，但检察机关最终向法院提起公诉的罪名是故意杀人罪，两罪名的区别在于犯罪嫌疑人的主观方面的不同，应对犯罪嫌疑人出于主观故意进一步进行阐述说明。

［范文二］

广州市人民检察院
起诉书

穗检公一诉［××］××号

被告人乔××，又名××，男，21 岁，汉族，山西省××市人，文化程度初中，住山西省××市××镇×××村。捕前系广州市收容人员救治站护工。2003 年 5 月 12 日被刑事拘留，2003 年 5 月 12 日经广州市白云区人民检察院批准逮捕，同年 5 月 13 日被逮捕。

被告人李××，又名李××，男，26 岁，汉族，湖南省××县人，文化程度初中，住湖南省××县××乡×××村××号。2003 年 5 月 10 日被刑事拘留，2003 年 5

月10日经广州市白云区人民检察院批准逮捕，同年5月11日被逮捕。

被告人钟××，又名钟××，化名洪××，男，31岁，汉族，湖南省××县人，文化程度初中，住湖南省××县××乡××村××号。1994年8月4日因犯盗窃罪被江苏省吴县人民法院判处有期徒刑一年零六个月，1995年8月6日刑满释放。2003年4月23日因抢夺被广州市劳动教养管理委员会送劳动教养一年。2003年5月13日被刑事拘留，2003年5月13日经广州市白云区人民检察院批准逮捕，同年5月14日被逮捕。

被告人周××，化名××，男，20岁，汉族，湖北省××市人，文化程度初中，住湖北省××市×××乡××村×组××号。2003年5月4日被刑事拘留，2003年5月8日经广州市白云区人民检察院批准逮捕，同年5月9日被逮捕。

被告人张××，男，24岁，汉族，四川省××县人，文化程度小学，住四川省××县××乡×××村。2003年5月9日被刑事拘留，2003年5月10日经广州市白云区人民检察院批准逮捕，同年5月12日被逮捕。

被告人吕××，曾用名吕×、吕××，男，18岁，汉族，山西省××县人，文化程度初中，住山西省××县××乡××村虎拔组××号。捕前系广州市收容人员救治站护工。2003年5月3日被刑事拘留，2003年5月8日经广州市白云区人民检察院批准逮捕，同年5月9日被逮捕。

被告人李××，绰号“长毛”，男，23岁，汉族，江苏省××县人，文化程度高中，住江苏省××县××乡××村。2003年5月10日被刑事拘留，2003年5月10日经广州市白云区人民检察院批准逮捕，同年5月11日被逮捕。

被告人李××，男，17岁(1985年6月12日出生)，汉族，河南省××县人，文化程度小学，住河南省××县××乡。2003年1月17日因犯抢夺罪被广州铁路运输法院判处拘役5个月，2003年2月22日刑满释放。2003年4月30日被刑事拘留，2003年5月8日经广州市白云区人民检察院批准逮捕，同年5月9日被逮捕。

被告人韦××，化名徐××，男，22岁，汉族，贵州省××县人，文化程度初中，住贵州省××县××乡。2003年5月12日被刑事拘留，2003年5月13日经广州市白云区人民检察院批准逮捕，同年5月15日被逮捕。

被告人何××，又名何××，男，29岁，汉族，四川省××县人，文化程度小学，住四川省××县××镇××村。1997年6月因抢劫被广州市劳动教养管理委员会送劳动教养两年，1999年1月18日解除劳动教养。2003年5月3日被刑事拘留，2003年5月8日经广州市白云区人民检察院批准逮捕，同年5月9日被逮捕。

被告人乔××，男，24岁，汉族，山西省××市人，文化程度中专，住山西省×

×市××镇×××路××号。捕前系广州市收容人员救治站护工。2003年5月3日被刑事拘留,2003年5月8日经广州市白云区人民检察院批准逮捕,同年5月9日被逮捕。

被告人胡××,女,20岁,汉族,河南省××县人,文化程度初中,住河南省××县××乡×××六组××号。捕前系广州市收容人员救治站护工。2003年5月3日被刑事拘留,2003年5月8日经广州市白云区人民检察院批准逮捕,同年5月9日被逮捕。

李××、李××、韦××、何××、乔××、胡××故意伤害一案,经广州市公安局侦查终结,于2003年5月20日依法移送本院审查起诉。现查明:

2003年3月18日晚10时许,被害人孙××被收容后因自报有心脏病被送至广州市收容人员救治站201室治疗。3月19日晚,被害人孙××因向其他收容救治人员的亲属喊叫求助,遭致被告人乔××的忌恨,被告人乔××遂与被告人乔某某商量,决定将被害人孙××调至该站206室,让室内的收容救治人员对其进行殴打,之后被告人乔××到206室窗边向室内的被告人李××等人直接授意。

至翌日0时30分左右,被告人乔××再次向被告人乔××及接班的被告人吕××、胡××提出将被害人孙××从201室调至206室殴打,并得到被告人乔××、吕××、胡××的认同。随后,被告人乔××、乔××、吕××、胡××共同将被害人孙××从201室调至206室,被告人乔××、吕××又分别向室内的被告人李××等人授意对被害人孙××进行殴打。当日1时许,206房的收容救治人员由被告人李××、钟××、周××、张××、李××、李××、韦××等人以拳打、肘击、脚踩、脚跟砸等方法对被害人孙××的背部等处进行殴打,被告人何××则在旁望风。被告人胡××发现后进行了口头制止。但被告人李××、钟××、周××、张××等人后在被告人乔××的唆使下,不顾被害人孙××跪地求饶,继续用肘击、膝顶、跳到背上踩等方法反复殴打,被告人何××亦参与对其拳打脚踢。当值护士曾伟林(另案处理)发现后遂与被告人胡××将被害人孙××调至205室,后被害人孙××向被告人吕××反映情况,被告人吕××使用塑胶警棍向其胸腹部连捅数下。当天上午10时许,被害人孙××被发现伤重后经抢救无效死亡(经法医鉴定,被害人孙××因背部遭受钝性暴力反复打击,造成背部大面积软组织损伤致创伤性休克死亡)。

上述犯罪事实,经查证属实,证据确实充分,足以认定。

本院认为,被告人乔××、李××、钟××、周××、张××、吕××、李××、李××、韦××、何××、乔××、胡××无视国家法律,故意伤害他人身体,致人死亡,其行为共同触犯了《中华人民共和国刑法》第二百三十四条第二款的规定,均已构成故意伤害罪。其中被告人乔××、李××、钟××、周××、张××、吕××在共同犯罪中起主要作用，是主犯；被告人李××、李××、韦××、何××、乔××、胡××在共同犯罪中起次要或者辅助作用，是从犯。上述12名被告人故意伤害他人身体，手段特别残忍，情节特别恶劣，在社会上造成极坏影响，危害结果极为严重，为严肃国家法律，保护公民的人身权利不受侵犯，维护社会治安秩序，保障社会主义建设事业的顺利进行，依照《中华人民共和国刑事诉讼法》第一百四十一条的规定，特提起公诉，请依法从严判处。

此致

广东省广州市中级人民法院

检察员

二〇〇〇年五月二十三日①

（院印）

附：

1.被告人乔××、李××、钟××、周××、张××、吕××、李××、李××、韦××、何××、乔××、胡××现押于广州市第一看守所。

2.主要证据复印件4册。

3.证据目录1份。

4.证人名单1份。

5.本案A卷材料共12册。

［评析］这份起诉书制作得相当优秀，文书项目齐全、格式规范。案件叙述语言简洁、表达清楚，整个案件叙述完整，此外，由于本案是典型的共同犯罪，在共同犯罪中应该区分不同的犯罪嫌疑人在案件中所起到的作用。此外，对具体的犯罪事实的描述，也是本文中值得学习的一点之一。总体而言，这份文书同学们值得仔细阅读并借鉴。

二、公诉意见书

（一）公诉意见书的概念

公诉意见书，又称公诉词，是出席法庭的公诉人，代表人民检察院，在法庭调查结束、法庭辩论开始，依法首先发表的支持公诉意见时使用的文书。

（二）公诉意见书的功用

1.深刻揭露犯罪的危害性和严重性。

2.对于法庭的正确审理案件有一定的参考作用。

---

①摘自 http://www.jcrb.com/200709/ca638502.htm

3. 起到法制宣传的作用。

(三)公诉意见书的内容(注意避免千篇一律)

1. 对法庭调查的简要概括。

2. 分析证据。

3. 揭露该案的社会危害性。

4. 分析犯罪嫌疑人的犯罪的思想根源与社会根源。

5. 进行刑法的论证(引用法条的问题)。

(四)公诉意见书的论证方式

1. 事实论证。

2. 法理论证。

3. 对比论证。

4. 因果论证。

(五)范文评析

刘×挪用公款案公诉词

审判长:

今天××区人民法院依法公开审理被告人刘×挪用公款一案,根据《中华人民共和国刑事诉讼法》第一百五十三条之规定,我以国家公诉人的身份出席法庭,支持公诉。现发表以下公诉意见:

首先,公诉人认为,被告人刘×的行为构成挪用公款罪。这主要有以下证据可予以佐证:

第一,某出版社印刷厂提供的刘×主体情况可以证明其具有国家工作人员身份。

第二,结合被告人刘×口供以及相关证人证言、书证可以证明刘×利用负责管理纸库的职务之便,挪用公款6万元用于归还个人债务的事实以及案发经过。

以上证据通过法庭质证,形式合法、内容有效。综上所述,公诉人认为,被告人刘×身为国家工作人员,利用职务之便,挪用公款归个人使用,数额较大,超过3个月未还,其行为应当依照《中华人民共和国刑法》第三百八十四条第一款之规定,以挪用公款罪定罪处罚。

另外,被告人刘×自1994年挪用公款,至今仍未将公款归还,而且完全否认自己的犯罪行为,找寻各种理由为自己开脱,妄图逃避法律的惩罚,其主观恶性可见一斑。据此,建议合议庭在法定的量刑幅度内对被告人刘×从重处罚。

以上意见请合议庭予以参考,以作出公正的判罚。

其次,在庭审中,被告人刘×辩称自己并没有挪用公款,并对影响到本案定罪的部分事实做了很多辩解，主要包括以下几个方面：

(1)使用三张白条从纸库借纸给胶印车间虽然并不符合手续，但一来胶印车间急着要纸，二来事先与李×也打过招呼说后补调拨单，另外因借用的是某出版社的纸，所以应当将纸款交给李×。但此后向李×催要调拨单及发票，李×并没有补开上述单据。

(2)关于收到胶印车间支付纸款以及李×不出具调拨单、不给发票的事情都曾经向两名库管员张×、袁×说明过。

(3)在联营车间催要发票时，曾就李×不开具发票的事情向三车间赵×说明过。但是根据刚才公诉人向法庭出示的证据可以看出，以上辩解均已被相应人员予以否认，即其辩解没有任何证据可予以佐证。

简单分析一下，刘×违反程序打白条借纸，其辩解是时间紧急。但按照正常程序，调用某出版社存纸必须有李×签署的调拨单或某出版社材料科的职工亲自提纸，而且根据刘×本人的供述，在此之前从来没有使用白条借过纸，都有正式的调拨单。对此公诉人认为，刘×对调纸的手续知之甚详，在此前的调纸也可能存在紧急用纸的情况，但都是按照程序办事。对于本次用纸，刘×意图以用纸紧急为名来违反程序调纸来掩盖自身的挪用公款行为，是没有任何依据可以支持的。

而作为纸库管理者，在库管员多次催促还纸的过程中，依照常理，刘×应当将已收到纸款并交给李×以及李×不出具调拨单和发票的事情明确告知库管员，因为这是一个正当的或者说是可以洗清自己嫌疑的理由，但刘×并没有说明上述情况，而是掩盖了这一事实。

同样刘×从联营车间赵某处取得支票后，在赵×多次索要发票的情况下，其也可以将李×不给发票的事情予以说明，但刘×并没有说。这也明显不符合正常的情况。

综上所述，公诉人认为被告人刘×关于“将6万元交给李×是买某出版社放在纸库的纸”的辩解不能成立，建议合议庭不予采信。

最后，公诉人要说的是，被告人刘×作为受党教育多年的国家干部，挪用公款归个人使用，其行为不但给国有财产造成损失，也给自己的家人带来了巨大伤害。在此公诉人真切希望被告人能够从此次庭审中深刻汲取教训，认真改造，不辜负你们家人对你们的关心和期望。

审判长，公诉意见暂时到此。

［评析］该公诉意见书基本符合格式要求，论述部分突出中心，文书结尾具有宣传教育的作用，不足之处在于文字不够简练，有些文字表述过于口头化。

三、不起诉决定书

（一）不起诉决定书的概念

不起诉决定书，是人民检察院依法对不追究刑事责任的，证据不足、不符合起诉条件的，以及对于犯罪情节轻微，依照我国刑法规定不需要判处刑罚或者免除刑罚的不起诉案件，作出不起诉决定时制作的文书。

（二）不起诉决定书的类型

不起诉决定书有三种类型：绝对（法定）不起诉、存疑不起诉、相对不起诉。

1.绝对不起诉。如果以绝对不起诉为由作出不起诉决定书，必须要重点阐述该案符合《刑事诉讼法》第十五条之规定。

2.存疑不起诉。如果以存疑不起诉为由作出不起诉决定书，必须要重点阐述该案符合《刑事诉讼法》第一百四十条第四款之规定。

3.相对不起诉。如果以相对不起诉为由作出不起诉决定书，必须要重点阐述该案符合《刑事诉讼法》第一百四十二条第二款之规定。

（三）不起诉决定书的结构

不起诉决定书是文字叙述式文书，由首部、正文和尾部组成。

1.首部——制作文书的人民检察院名称、文书名称、文书编号。

2.正文。

①基本情况介绍
- 被不起诉人基本情况
- 辩护人基本情况
- 案由和案件来源

②案件事实
- 绝对不起诉——概括写明侦查机关移送起诉认定的事实和证据情况，然后写明本院审查起诉中出现了《刑事诉讼法》第十五条规定的某一具体情形
- 存疑不起诉——概括起诉意见书认定的事实，再简要写明补充侦查仍然证据不足、不符合起诉条件的情况
- 相对不起诉——概括起诉意见书认定的事实，用承接语“本院审查查明：”，再简要写明本院审查认定的事实。写明事实具有违法性，但犯罪情节轻微，依照我国刑法规定，不需要判处刑罚或免除刑罚。叙述事实后将证明“犯罪情节轻微”的各项证据一一列举

③结论{不起诉理由
不起诉法律根据
决定事项}

④告知事项——写明对被不起诉人和被害人告知申诉事项。

3. 尾部——检察院院名、具文日期及检察院院印。

四、提请抗诉报告书

(一)提请抗诉报告书的概念

提请抗诉报告书,是下级人民检察院审查发现同级人民法院生效刑事判决或裁定确有错误,而提请上级人民检察院依法按照审判监督程序提出抗诉时制作的文书。

(二)提请抗诉报告书的结构

提请抗诉报告书是文字叙述式法律文书,由首部、正文和尾部组成。

1. 首部——制作文书的人民检察院名称、文书名称、编号、致送上一级检察院的名称。

2. 正文{案件来源
原审被告人基本情况及审查认定的犯罪事实
法院一审及二审裁判情况
裁判的错误之处、提请抗诉的理由和法律根据
本院检查委员会讨论情况
提请意见}

3. 尾部——签发文书的时间、院印。

五、刑事抗诉书

(一)刑事抗诉书的概念

刑事抗诉书,是人民检察院对人民法院确有错误的刑事判决或裁定依法提出抗诉时制作的文书。

(二)刑事抗诉书的结构

刑事抗诉书是文字叙述式法律文书,由首部、正文和尾部组成。

刑事抗诉书

×检×刑抗[×]号

原审被告人……(依次写明姓名,性别,年龄,出生年月日,民族,籍贯,职业,单位及职务,住址,被采取强制措施或服刑情况。数名被告人的依从重至轻顺序分别列出)。

原审被告××……一案(写明姓名、案由),由××公安局侦查终结移送本院审查起诉。本院×年×月×日提起公诉(对自侦案件,相应改写为"本院侦查终结并提起公诉";对自诉案件,相应改写为"自诉人××于×年×月×日向××人民法院提起诉讼")。××人民法院以××号刑事判决书(裁定书)作出判决(裁定):(判决、裁定结果)。经依法审查(如果是被害人及其法定代理人不服地方各级法院第一审的判决而请求人民检察院提出抗诉的,应当写明这一程序。如果是按审判监督程序提出抗诉的,应当写明生效的一审判决或二审判决情况、有关人民检察院提请抗诉的程序。然后再写"经依法审查,本案的事实如下"):

概括叙写检察机关认定的事实、情节。应当根据具体案件事实、证据情况,围绕刑法规定此罪构成要件特别是争议问题,简明扼要叙写案件事实、情节。一般应当具备时间、地点、动机、目的、关键行为、情节、数额、危害结果、作案后表现等有关定罪量刑的事实、情节要素。一案有数罪、各罪有数次作案的,应依由重至轻或时间顺序叙写。但是,文字应当简明扼要。

原审被告人上述犯罪事实清楚,证据确实、充分,足以认定。

本院认为……以下写明对判决(裁定)的审查意见和抗诉理由。层次是:①"本院认为"之后,先概括指出被告人行为危害程度、情节轻重程度,依法应当如何判决。②再明确指出原审判决(裁定)的核心之处,明确写明抗诉焦点,如"认定事实有误"、"适用法律不当"、"量刑畸轻"等。③集中阐述抗诉理由,具体分析原审判决(裁定)错误所在,论证检察机关正确意见(抗诉理由可以另分段、分项详细分析论证)。

综上所述,为严肃国法,准确惩治犯罪(或保障公民的合法权益),依照《中华人民共和国刑事诉讼法》第一百八十一条(按审判监督程序抗诉的引用第二百零五条第三款)的规定,特提出抗诉。请依法改判。

此致

××人民法院

检察员

(院印)

××年××月××日

附:

1.被告人现在处所。

2.证据目录。

3.证人名单。

(证据目录、证人名单与一审无异的,可注明"证据目录、证人名单与一审无异",不必另行移送)

六、撤回抗诉决定书

（一）撤回抗诉决定书的概念

撤回抗诉决定书，是指人民检察院认为本院和下级人民检察院对人民法院的判决、裁定提出的抗诉不当，而决定撤回抗诉时制作的文书。

（二）撤回抗诉决定书的结构

撤回抗诉决定书为四联填空式文书：第一联统一保存，第二联附卷，第三联送达同级人民法院，第四联送达提出抗诉的人民检察院。

撤回抗诉决定书送达同级人民法院联的内容结构分为首部、正文、尾部

1. 首部——制作文书的人民检察院名称、文书名称、编号。

2. 正文
- 提出抗诉的人民检察院名称及抗诉书文号
- 原审人民法院名称及被告人姓名和案由
- 人民法院裁判文书的文号
- 撤回抗诉的理由和法律根据、决定事项（“经本院审查认为抗诉不当。根据我国《刑事诉讼法》第一百八十五条的规定，决定撤回抗诉”）

3. 尾部——致送法院的名称、填发文书的时间、人民检察院院印。

第五节　刑事案件执行法律文书

执行法律文书，是指人民检察院对人民法院刑事判决、裁定的执行情况进行法律监督时制作的法律文书。常用的执行法律文书有以下几种：停止执行死刑意见书、纠正不当假释裁定意见书、纠正不当减刑裁定意见书、纠正不当暂予监外执行决定意见书。对于本节内容，同学们只需简单了解即可。

第六节　刑事赔偿法律文书

一、刑事赔偿法律文书的概念

刑事赔偿法律文书，是指各级人民检察院对赔偿请求人提出的刑事赔偿请求，作出赔偿决定时制作的文书。

二、刑事赔偿法律文书的结构

刑事赔偿法律文书是文字叙述式文书，其内容结构为：

1.首部——制作文书的人民检察院名称、文书名称、编号。

2.正文：
- 赔偿请求人的基本情况
- 申请赔偿的时间、理由及具体要求
- 确认的事实和根据(以“本院查明”为过渡语)
- 决定赔偿或不赔偿的法律根据和理由(理由以“本院认为”为过渡语)
- 决定事项

3.尾部——制作文书的时间、人民检察院院印。

第七节 民事、行政法律文书

一、民事抗诉书

(一)民事抗诉书的概念

民事抗诉书，是指人民检察院依照《民事诉讼法》关于法律监督的规定，对确有错误并已生效的民事(包括经济)案件判决、裁定，向有关人民法院提出抗诉，要求重审予以纠正时制作的文书。

(二)民事抗诉书的结构

民事抗诉书为文字叙述式文书，由首部、正文和尾部组成。

1.首部(包括三部分)。

①人民检察院名称；

②文书名称；

③文书编号。

2.案件来源(注意区分下列四种来源于写法各有不同)。

①申请人向本院申诉(“不服××人民法院××民事裁判，向我院提出申诉”)。

②申请人向下一级人民检察院申诉(“不服××人民法院××民事裁判，向我××人民检察院提出申诉，××人民检察院提请我院抗诉”)。

③人民检察院自己发现(“我院对××人民法院对××一案的××民事裁判进行了审查”)。

④案外人申诉(“我院受理××的申诉后，对××一案的××民事裁判进行了审查”)。

3.本院审查认定的案件事实(以“现已查明”为过渡语)。

4.本案诉讼过程。

5.审查意见、抗诉理由(以“本院认为”为过渡语)。

①指出原判决、裁定的错误；

②分析、论证抗诉理由。

6. 抗诉决定及法律根据。

7. 尾部。

①致送法院名称；

②决定抗诉的时间；

③盖人民检察院院印；

④盖“本件与原本核对无误”章；

⑤“附”项，写明随案移送的卷宗及有关材料情况。

（三）范文评析

黄山市人民检察院民事抗诉书

黄检民抗（××）××号

××县×村×××花茶厂不服××县人民法院（96）歙经初字第27号民事判决，向检察机关申诉。××县检察院经立案审查以歙检民抗字（1998）第02号提请抗诉报告书提请我院抗诉。我院审查查明：

申诉人：××县呈村降乡呈西福利花茶厂（以下简称呈西茶厂）

法定代表人：黄×× 厂长

被申诉人：浙江省××县××乡茶叶精制厂（以下简称××茶厂）

法定代表人：徐×× 厂长

被申诉人：徐××，男，38岁，农民，住××县××乡××村。

被申诉人：徐××，男，28岁，农民，住址同上

被申诉人：江××，男，30岁，农民，住××县××乡××村。

1998年1月，××县××××茶厂胡××欠呈西茶厂茶叶款52 285.9元，呈西茶厂多次催讨未还，1994年7月18日，黄××之弟得知初港茶厂合伙人吴××押运一车茶叶途经××县运往山东，误以为该车茶叶为初港茶厂所有，便招集数人在雄路将车拦截，并将车上的茶叶清点、估价、入库。呈西茶厂清点估价该车茶叶18 693斤，价值93 045元。茶叶被拦截后，吴××及××茶厂向绩溪公安局，报案称价值9万元的茶叶被劫，并当场提供了被拦截茶叶的外运证、销售发票及税票等书证材料。绩溪公安局经立案侦查，认为该起案件不构成抢劫罪。1996年5月19日，××茶厂以侵权损害赔偿向××县法院起诉，称原告依购销合同将180担精制茶叶及茶农托带的各种茶叶752斤，计10件，价值11 397元运往山东邹城途经绩溪雄路被呈西茶厂无理拦截，要求赔偿损失及利息。××村民徐××、徐××、

江××起诉称价值11 447元的752斤茶叶随××茶厂雇的车带往山东销售，与××茶厂茶叶一同在雄路被呈西茶厂劫去，要求赔偿损失。××县人民法院审理此案，认为1994年7月18日××茶厂依与××县南屏村罗××签订的购销合同，在将价值151 903.3元的茶叶以及徐××、徐××、江××的10袋茶叶运往山东邹城罗××处交付时，被呈西茶厂拦截，并于1995年擅自将该批茶叶降价出售，有罗××签字验收的××茶厂的出库单、茶叶外运证、押运人员吴××的陈述及××茶厂向有关部门的反映材料在卷佐证。判决呈西茶厂赔偿××茶厂茶叶折款151 903.3元，其他损失38 670.41元；呈西茶厂赔偿徐××、徐××、江××茶叶折款及利息损失3 900余元。

我院认为××县人民法院(96)歙经初字第27号判决认定事实错误。

一、原审判决认定讼争茶叶系××茶厂依购销合同销售给罗××的茶叶，价值151 903.3元，证据不足。

1.徐××与罗××签订的购销合同不足以证明讼争茶叶即归××茶厂依合同销售给罗××价值151 903.3元的茶叶。收集在卷，被法院采信的购销合同，系××茶厂与罗××于1994年7月10日签订，这份合同的交货地点与案发当时××方提供给警方的销售发票的交货地点不一致。判决采信的购销合同的交货地点是罗××茶庄，销售发票的交货地点是千岛湖茶庄。罗××陈述千岛湖茶庄与他无关，××茶厂厂长徐××陈述千岛湖茶庄为其同乡徐××与他人合伙经营。

2.法院认定罗××签字验收的出库单所列茶叶即为讼争茶叶，证据不足。1997年9月17日，吴××向检察机关陈述，他将讼争茶叶从××运到罗××处卸船上车后，未与罗××办理过任何书面交接手续，也未将出库单给罗××签字。因为讼争茶叶由他运到山东邹城直接交徐××，罗××没必要验收。在绩溪公安局黄宏进一案的卷宗材料中收集的，由吴××提交的××茶厂的出库单，并没有罗××的签字。因而被判决书采信的罗××签字的出库单不足以证明判决所认定的事实。

3.外运证件等并没有证明讼争茶叶价值151 903.3元，相反却证明了讼争茶叶数量为18 000斤，收购价为54 000元，销售价为90 000元。

4.押运人员吴××在该案审理期间的陈述证明该批茶叶的数量、品种以及发案和报案的经过，其陈述并不能证明讼争茶叶为罗××依购销合同所购，价值15万余元。

5.××茶厂向有关部门的反映材料仅为一面之词，且材料中并未提及讼争茶叶购方为罗××。

二、讼争茶叶为××茶厂销售给山东邹城千岛湖茶庄，价值90 000元。

1. 案发当时，××茶厂提交给绩溪公安局的外运证、税票，销售发票等，已经明确载明讼争茶叶价值 90 000 元，购货单位为山东邹城千岛湖茶庄。

2. 案发第三天，徐××向绩溪公安局陈述 1994 年 7 月 9 日左右，他与千岛湖茶庄的经营者徐××签订了一份 2 万斤的茶叶购销合同。同月 15 日，徐××让司机返回××运茶叶。纵观整篇问话笔录，徐××只字未提与罗××的购销合同，更未提及讼争茶叶即为罗××所购价值 15 万余元的茶叶。

3. 呈西茶厂提交给法庭的入库单证明，1994 年 7 月 20 日入库的讼争茶叶无论是数量还是金额与××茶厂出示的原始证据基本相符。

综上所述，××县法院(96)歙经初字第 27 号判决书由于对证据的采信错误，导致认定事实错误，最终造成判决错误。根据《中华人民共和国民事诉讼法》第一百八十五条第一款第(一)项之规定，向你院提出抗诉，请依法再审。

此致

黄山市中级人民法院

安徽省黄山市人民检察院

一九九八年七月二日

院印

[评析] 上述范文的叙述清楚、格式规范，基本符合文书制作要求。不足之处是叙述复杂的人员关系时叙写得不够简练，给人的感觉比较凌乱。文中的多处描述并非规范的法律用语，如“反映材料仅为一面之词”。此外，在写作中，对事实认定错误进行逐一的分析后，最好予以简单的总结，这样，才能够给人一种很强的层次感，便于阅读者把握文书的重点。抗诉书写作的重中之重在于针对原审判决的错误或者不当进行针对性的分析，而一般而言，基本均针对原审法院的认定事实或者适用法律而言，本文中主要针对原审中的认定的事实进行论证，因此本文的重点较为突出。

二、行政抗诉书

(一)行政抗诉书的概念

行政抗诉书，是指人民检察院依照《行政诉讼法》关于法律监督的规定，对确有错误并已生效的行政案件判决、裁定，向有关人民法院提出抗诉，要求重审予以纠正时制作的文书。

(二)行政抗诉书的结构

行政抗诉书为文字叙述式文书，具体写作可参考民事抗诉书。

【本章小结】

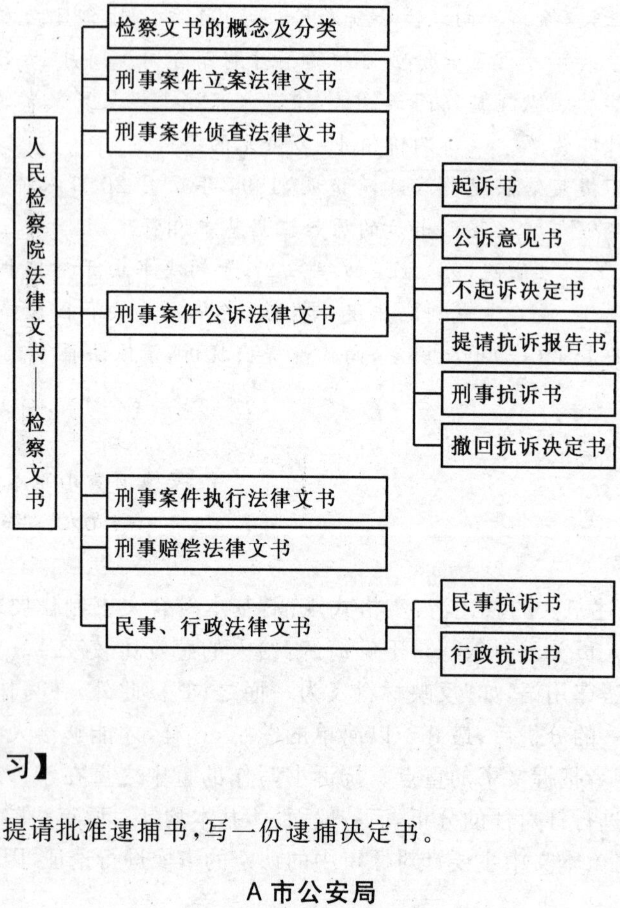

【本章练习】

根据下列提请批准逮捕书，写一份逮捕决定书。

A市公安局

提请批准逮捕书

(2002)A市公捕字第32号

犯罪嫌疑人王×，男，1972年12月20日生，××省A市人，现住在A市××路××号。系××省A市建筑工人。汉族。1979—1985年在××小学上学。1985—1988年在××中学上初中。1988—1993年在家待业。1993—2000年在A市建筑公司当工人。现羁押于××看守所。

经本局侦查，犯罪嫌疑人王×有以下犯罪事实：

犯罪嫌疑人王×于2000年10月7日上午9时30分左右，尾随在小区菜市场买菜的李×(女，68岁，离休干部)至A市×××××小区×号楼×单元×号室，紧随李×入室后即行抢劫，被害人李×便大声叫喊："有人抢劫！"犯罪嫌疑人王×听到被害人叫喊，立即用弹簧刀猛刺被害人李×腹部三刀，李×当即昏倒在地，犯罪嫌疑人王×立即上前抢走被害人所戴24K金戒指1枚、金项链1条、上海牌手表1块，然后逃离现场。被害人李×被闻声赶来的群众送往医院，但因流血过多，于当日中午12时5分死亡。

上述事实证明，犯罪嫌疑人王×的行为触犯了《中华人民共和国刑法》第二百六十三条之规定，涉嫌抢劫罪。根据《中华人民共和国刑事诉讼法》第六十条第一款、第六十六条之规定，特提请批准逮捕。

此致

A市人民检察院

局长××

××年××月××日

（公安局印）

附：案卷材料×份。

【参考范文】

批准逮捕决定书

××检批捕字××第××号

A市公安局：

你局×年×月×日，以(2002)A市公捕字第32号提请批准逮捕书提请批准逮捕的抢劫案犯罪嫌疑人王×，经本院审查认为，该犯罪嫌疑人涉嫌抢劫罪，根据《中华人民共和国刑事诉讼法》第六十条第一款规定，决定批准逮捕。

××年××月××日

A市人民检察院（院印）

附：案卷材料×份。

第五章　人民法院的刑事法律文书

知识目标

- 了解人民法院的刑事法律文书的概念及分类。
- 理解人民法院的刑事法律文书的制作要求。
- 掌握第一审刑事判决书的制作。

技能目标

- 能够理解人民法院的刑事法律文书的特点及制作要求。
- 能够进行第一审刑事判决书的制作。

引言

本章是关于人民法院的刑事法律文书的介绍,本章重点是第三节第一审刑事判决书。通过本章的学习要理解并掌握各种刑事裁判文书的概念和写作方法,常用的一些裁判文书要能够独立制作。

第一节　概　　述

一、人民法院刑事法律文书的概念

人民法院刑事法律文书,是指人民法院在办理刑事案件过程中所应用的各种文书。常用的刑事法律文书有:刑事案件审理报告、第一审刑事有罪判决书、第一审刑事无罪判决书、第二审刑事判决书、再审刑事判决书、刑事附带民事判决书、刑事裁定书。

二、刑事裁判文书的分类

1. 刑事裁判文书
   - 刑事判决书
     - 有罪判决
       - 科刑
       - 免刑
     - 无罪判决
   - 裁定书
2. 刑事裁判文书
   - 一审
   - 二审
   - 审判监督
3. 刑事裁判文书
   - 刑事判决书
   - 刑事附带民事判决书

第二节　刑事案件审理报告

一、刑事案件审理报告的概念

刑事案件审理报告，是指人民法院在刑事案件审理终结后，由审判人员写明案情和处理意见，提请上级审批的文件。

二、刑事案件审理报告的功能

1. 制作审理报告，是人民法院制定的审批制度的法定要求。
2. 制作审理报告，为制作裁判文书提供了系统的基础材料。

三、刑事案件审理报告的格式

刑事案件审理报告属于内部文书，其内容结构分为首部、正文、尾部。

1. 首部——标题、控辩双方和其他诉讼参加人的基本情况、案件的由来和审理经过。
2. 正文
   - 案件的侦破、揭发情况
   - 控辩双方的主要控辩内容
   - 事实和证据的分析
   - 需要说明的问题
   - 处理意见和理由
3. 尾部——审判员署名并注明日期。

第三节　第一审刑事判决书

一、第一审刑事有罪判决书

(一)第一审刑事有罪判决书的概念

第一审刑事有罪判决书,是指人民法院对于所受理的刑事案件,依照第一审程序审理终结,事实清楚,证据确凿,确认被告人的行为构成犯罪,应负刑事责任,依法作出的书面处理结论。

(二)第一审刑事有罪判决书的格式

1.首部(包括以下四部分)。

①公诉机关;

②被告人项;

③辩护人项;

④案件由来。

2.正文(包括以下三部分)。

①事实：
- 检察机关认定的情况
- 被告人供述的情况和辩护人的辩称
- 法院认定的情况

②理由:

a.犯罪动机、手段、情节、危害后果、触犯的法律;

b.确认量刑的情节;

c.确认检察院起诉的罪名是否成立;

d.确认辩解的理由是否成立;

e.表明所要保护的社会关系。

③判决结果。

3.尾部(包括三部分)。

①交代权利;

②署名;

③印章和日期。

二、第一审刑事无罪判决书

(一)第一审刑事无罪判决书的概念

第一审刑事无罪判决书,是指人民法院对于所受理的刑事案件,依照第一审程序审理终结，根据已查明的事实和证据，确认被告人被控告的行为并不存在或不构成犯罪，或者符合不追究刑事责任的情形，依法作出的书面结论。

(二)第一审刑事无罪判决书的格式

可参照第一审刑事有罪判决书的写作方法。

判决结果写法分两种情况：

1.被告人无罪。

2.被告人不负刑事责任(不满16岁的人和精神病人犯罪的情形)。

三、实例评析

[范文一]

海南省三亚市中级人民法院
刑事判决书

(2002)三亚刑初字第××号

公诉机关海南省三亚市人民检察院。

被告人郑×，男，1948年5月16日出生于香港特区，汉族，大学文化，电脑软件工程师，捕前住台湾省××。因涉嫌犯信用卡诈骗罪于2002年3月29日被刑事拘留，2002年4月30日被逮捕。现羁押于三亚市第一看守所。

辩护人于×，海南××律师事务所律师。

三亚市人民检察院以三检刑诉[2002]16号起诉书指控被告人郑×犯信用卡诈骗罪，于2002年7月23日向本院提起公诉。本院依法组成合议庭，于2002年8月5日公开开庭审理了本案。三亚市人民检察院检察员王××出庭支持公诉，被告人郑×及其辩护人于××到庭参加诉讼，现已审理终结。

三亚市人民检察院指控：2002年3月18日，被告人郑×与黄×来到三亚市，经黄的朋友康×介绍，郑×认识了王×，郑要求王帮忙找能使用信用卡购物的商店。3月22日王×与××友谊商场经理徐×联系后，叫其表弟陈×带郑×去找徐×，郑对徐声称他手上没有现金，只是一些信用卡，想在商场进行不购物刷卡，获得现金后给徐×三成。徐×同意郑×的要求，并约定了刷卡时间和地点。事后，徐×把郑×要刷卡的事情向公安机关反映。3月2日晚8时许，被告人郑×持10张伪造的信用卡前往××友谊商场找徐×，然后用10张信用卡在该商场的刷卡机上进行刷卡交易，其中7笔刷卡交易成功(2张Master卡，5张Visa卡)，共计人民币73 400元。3月28日下午4时许，被告人郑×前往××友谊商场丝绸馆准备提取现金时被公安干警抓获，公安机关在郑所入住的酒店里缴获手提电脑，读卡机各一部以及伪造的信用卡26张。

为了证实指控的犯罪事实，公诉人当庭宣读了被告人郑×的供述、对缴获的26张信用卡所做的鉴定、检验结论，证人徐×、王×等人的证言。出示了缴获的伪造的信用卡、中国银行三亚分行交易明细表书证等证据。据此认为，被告人郑×使用伪造的信用卡在商场刷卡套取现金7万余元，其行为已触犯《中华人民共和国刑法》第一百九十六条之规定，应当以信用卡诈骗罪（未遂）追究刑事责任，请求依法判处。

在法庭审理中，对公诉机关指控的犯罪事实，被告人郑×无异议。其辩护人提出，该被告人认罪态度较好，有悔罪表现，且属犯罪未遂，请求减轻处罚。

经审理查明：2002年3月18日，被告人郑×与黄×来到三亚市，入住××酒店306房间。经黄×的朋友康×介绍，郑×认识了王×，郑×要求王×帮忙找能使用信用卡购物的商店。3月22日王×与三亚市××友谊商场经理徐×联系后，叫其表弟陈×带郑×去找徐×，郑×对徐×声称其手上没有现金，只是一些信用卡，要在商场进行不购物刷卡，获得现金后给徐×三成。徐×同意郑×的要求，并约定了刷卡时间和地点。此后，徐×把郑×要刷卡的事情向公安机关反映。3月24日晚8时许，被告人郑×持10张伪造的信用卡前往××友谊商场找徐×，然后用10张信用卡在该商场的刷卡机上进行刷卡交易，其中7笔刷卡交易成功（2张Master卡，5张Visa卡），共计人民币73 400元。3月28日下午4时许，被告人郑×前往大东海友谊商场丝绸馆准备提取现金时被事先埋伏的公安干警抓获。随后，公安机关在郑所入住的酒店房间里缴获手提电脑，读卡机各一部以及伪造的信用卡26张。

上述犯罪事实，有下列经庭审举证、质证、认证的证据证实：

1. 证人徐×的证言，证实了其于2002年3月21日至28日经黄×（王×）介绍认识郑×，因郑要在其经营的大东海友谊商场刷卡套现金，徐怀疑有诈而向公安机关反映并协助抓获郑×的事实经过。

2. 证人王×的证言，证实了其经康×介绍认识郑×，并帮其联系大东海友谊商场进行刷卡的经过。

3. 证人陈×的证言证实其带郑×去找徐×面谈刷卡的事实经过。

4. 证人康×的证言证实其介绍郑×与王×认识的事实。

5. 证人程××的证言证实其为郑×在××酒店订房并接待郑的经过。

6. 被告人郑×的供述及当庭陈述详细交待其实施信用卡诈骗的经过。

以上证据之间均能相互印证，来源合法，客观真实，具有证明效力，本院予以确认。

本院认为，被告人郑×无视国家法律使用伪造的信用卡在商场刷卡，非法套取现金73 400元，数额巨大，已构成信用卡诈骗罪，应予依法惩处。其实施的犯罪属未遂，可减轻处罚。辩护人所提的该被告人犯罪属未遂，请求从轻、减轻处理之辩护观点符合事实及法律规定，可予采纳。为严明国法，保护公私财产不受非法侵犯，经合议庭评议决定，依照《中华人民共和国刑法》第一百九十六条及第(一)项、第二十三条第一款，第二款、第六十四条之规定，判决如下：

一、被告人郑×犯信用卡诈骗罪，判处有期徒刑二年六个月，并处罚金人民币50 000元。(刑期自判决执行之日起计算。判决执行以前先行羁押的，羁押一日折抵刑期一日，即自2002年3月29日起至2004年9月28日止)

二、作案通讯工具手机二部、手提电脑、读卡机各一部，伪造的信用卡26张予以没收。

如不服本判决，可在接到判决书的第二日起十日内，通过本院或者直接向海南省高级人民法院提出上诉。书面上诉的，应当提交上诉状正本一份，副本二份。

审判长

代理审判员

本件与原本核对无异　　代理审判员

二〇〇二年八月五日

(院印)

书记员

[评析] 这是一篇制作得较为优秀的一审刑事判决书，文书的格式正确，对初学者掌握一审刑事判决书的格式有一定的帮助。此外，本文对证据的认定、犯罪经过的认定较为详细，值得借鉴。

第四节　第二审刑事判决书

一、第二审刑事判决书

(一)第二审刑事判决书的概念

第二审刑事判决书，是指中级以上人民法院，依照第二审程序，全面审理当事人或人民检察院对第一审尚未发生法律效力的刑事判决提出的上诉或抗诉案件，审理终结后所作出的书面结论。

(二)第二审刑事判决书的格式

1. 首部。首部最重要的一个问题就是表明是检察机关抗诉，还是上诉人上诉，因为按照《刑事诉讼法》的规定，如果被告人上诉，应该按照“上诉不加刑”原则进行审理；反之，如果检察机关抗诉，则二审可以加重刑罚。根据案件具体的情况，一般有4种写法：

①如果检察机关抗诉，而被告人没有上诉，首部应该表述为：抗诉机关、原审被告人。

②如果检察机关没有抗诉，但被告人上诉，首部应该表述为：原审公诉机关、上诉人（原审被告人）。

③如果检察机关没有抗诉，被告人也没有上诉，但被告人的近亲属上诉，首部应该表述为：原审公诉机关、上诉人（原审被告人），但其近亲属需说明同上诉人的关系。

④如果检察机关抗诉，被告人也上诉，首部应该表述为：抗诉机关、上诉人（原审被告人）。

此外，需要注意的是，如果在共同犯罪中，其中的一个被告上诉，其他被告没有上诉，按照刑事诉讼法的规定，法院也应该对本案的其他被告人的犯罪量刑等进行审查，此时，其他被告人也应该在首部中列明，应该表述为：原公诉机关、上诉人（原审被告人）、原审被告人。

2. 正文。

(1)结构（主要包括六部分）。

①概括原审判决；

②上诉或抗诉的理由；

③二审法院认定的事实；

④本院查证的事实；

⑤理由；

⑥判决。

(2)事实的写法（注意区分下述三种情况，表述各有不同）。

①上诉人或抗诉人对事实无异议的；

②上诉人或抗诉人对事实全部否定的；

③上诉人或抗诉人对事实部分否定的。

(3)理由的书写（注意区分下述三种情况，表述各有不同）。

①原判决事实正确、适用法律错误或量刑不当；

②原判决事实不清、证据不足的；

③原判决认定的事实与证据都有问题的。

(4)判决的书写（注意区分下述三种情况，表述各有不同）。

①原判决事实正确、适用法律错误或量刑不当{全部改判
部分改判}

②原判决事实不清、证据不足的；

③原判决认定的事实与证据都有问题的。

3. 尾部(本判决为终审判决、审判人员、院印、书记员、日期等)。

4. 注意事项(写作时的表述注意以下三个方面)。

①必须针对上诉理由来写；

②一审判有期徒刑、二审改判的；

③一罪变数罪或反之。

二、再审刑事判决书

(一)再审刑事判决书的概念

再审刑事判决书，是指人民法院对于已经发生法律效力的刑事判决和裁定，发现在认定事实上或在适用法律上确有错误，按照审判监督程序重新审判的案件，审理终结后作出的判决书。

(二)再审刑事判决书的格式

再审刑事判决书的写作可参考二审刑事判决书。

注意事项：

1. 案号。

2. 案由的书写。

三、范文

海南省海南中级人民法院

刑事判决书

(×××)海南刑终字第××号

原公诉机关通什市人民检察院。

上诉人(原审被告人)何××，男，1966 年 10 月 25 日出生，汉族，出生地海南省××县，初中文化，工商个体户，住××市××镇卫生院宿舍。因本案于 1997 年 1 月 13 日被批准逮捕后潜逃。1999 年 5 月 24 日主动到通什市公安局投案自首。现羁押于通什市看守所。

辩护人罗××，通什市××律师事务所律师。

通什市人民法院审理通什市人民检察院指控原审被告人何××犯贩卖毒品罪

一案，于二〇〇〇年三月七日作出(1999)通刑初字第××号刑事判决。原审被告人何××不服，提出上诉。本院依法组成合议庭，公开开庭审理了本案。海南省人民检察院海南分院指派检察员李×、蒙××出庭履行职务。上诉人(原审被告人)何××及其辩护人罗××到庭参加诉讼。现已审理终结。

原判认定，1996 年上半年，被告人何××在通什市区多次贩卖海洛因，其中卖给林××23 克，卖给黎××3 克，共计 28 克。

认定上述犯罪事实的主要证据有：1. 报案书。证实 1996 年 5 月 6 日，通什市公安局接到群众举报抓获了林××、黎××，经过调查取证证实林××、黎××有贩毒行为，且该毒品均系何××卖给的。2. 证人证言。林××证实其从 1996 年 4 月 5 日开始多次向何××购买海洛因 23 克，然后边卖边吸，其中卖 15 克给林××、童×等人，得款交给何××。后来公安机关从其家里搜查到海洛因 43 小包(约 2 克)。黎××证实其于 1996 年 5 月间曾到黄××(被告人妻子)家跟何××及其妻子等人购买海洛因 6 次 5 克，其中第 1、2、5、6 次各买 1 克，第 3、4 次各买 0.5 克。3. 被告人何中华的供述。其供认 1996 年上半年，有贩卖海洛因的事实，但否认贩卖海洛因 28 克。

上述证据已经法庭举证、质证，均能证明被告人何××贩卖毒品的犯罪事实，且证据来源合法，应予采信。虽然被告人及其辩护人对以上证据提出异议，辩称贩卖海洛因的数量只有 31 小包重约 1 克。但其又未能提出新的证据予以佐证，所以其辩护意见不予采纳。

原判认为，被告人何××贩卖海洛因 28 克，其行为已构成贩卖毒品罪。被告人犯罪后主动到公安机关投案，但未能如实供述自己的罪行，不应认定为自首，可根据本案的实际情况，酌情从轻判处。依照《中华人民共和国刑法》第三百四十七条第(一)款、第(三)款之规定，以贩卖毒品罪，判处被告人何××有期徒刑十年，并处罚金 1 000 元。

被告人何××上诉的主要意见及其辩护人的二审辩护意见均为，原判认定被告人贩卖海洛因 28 克的事实不清，证据不足。其贩卖海洛因只有 31 小包计 1 克左右，且有投案自首的法定从轻情节，诉求二审从轻改判。

海南省人民检察院海南分院认为，上诉人何××的行为已构成贩卖毒品罪，但原判认定其贩卖毒品 28 克的证据不足，不能确定。

经审理查明，上诉人何××于 1996 年上半年在通什市区多次贩卖海洛因，其中卖给林××10 小包、黎××与林××各 6 小包、亚朱 4 小包、阿四公(外号)2 包、供电站阿弟、鸡军(外号)、双鸭军(外号)各 1 小包，合计 31 小包，重约 1 克。原判认定上诉人何××贩卖海洛因 28 克，后分别卖给林××23 克、黎××5 克的事实不清，证据不足，不予认定。

认定上述事实的主要证据有：1. 证人证言。证人林××第一份证言材料，证实他曾跟何××买白粉吸，还帮何代销白粉四次，共计23小包，重约26.5克；林的第二次证言也证实了他跟何要过23克白粉，并将毒品卖给林××、童×等人。而黎××向侦查机关作第一次述证时，承认其从何××家共要6次毒品，前几次是买来吸的，最后一次要了3克是拿来卖的；她的第二次证言也证实其毒品是从何××家里购买的，有四次每次购买1克，有两次每次购买0.5克。虽然林××、黎××对购买毒品的重量所作的证言前后有矛盾，且林××陈述其自1996年4月份开始转卖毒品给林××的证言与林××所陈述的其毒品是于1996年4月间通过上诉人购买的证言不能相互印证，即无足够证据认定上诉人卖毒给林××23克、黎××5克。但林、黎的上述证言也同时证实了上诉人有吸毒的事实，且与上诉人承认其有贩毒行为的供述相一致，故对林、黎这部分证言可作为定案的根据。2. 报案书。它证实林××、黎××的毒品来源均由上诉人提供，但未能证实上诉人贩毒28克的事实。3. 上诉人投案后自始至终都供述其贩卖海洛因只是31小包，重约1克，其中卖给林××6小包，这与证人林××所作的其跟何×买毒及6小包的证言相吻合，故上诉人的口供可作证据使用。

综上所述，上诉人及其辩护人提出的上诉人的行为已构成贩卖毒品罪，但原判认定上诉人贩卖海洛因的数量，证据不足的辩护意见有理，应予采信。

上述证据均经二审庭审举证、质证，内容真实，取证合法，且各证据间能相互印证，具有证明效力，本院应于确认。

本院认为，上诉人(原审被告人)何××明知是毒品(海洛因)而贩卖，数量31小包，重约1克，其行为已构成贩卖毒品罪，依法应在三年以下处刑。鉴于上诉人犯罪后能主动向公安机关投案，并如实供述自己的罪行，是自首，依法可从轻判处。原判未认定上诉人有自首情节有误，且依照《刑法》第三百四十七条第(三)款规定对上诉人判处十年徒刑，适用法律和量刑均不当。此外，该案发生于《刑法》修订之前而审理于该法实施之后，原判未引用《刑法》第十二条之规定也不当，均应予纠正。但原判对上诉人并处罚金1 000元有法律依据，应予维持。据此，依照《中华人民共和国刑法》第十二条、第三百四十七条第(一)款、第(四)款、第六十七条第(一)款及《中华人民共和国刑事诉讼法》第一百八十九条第(三)项之规定；判决如下：

一、撤销通什市人民法院(2000)通刑初字第××号刑事判决的主刑部分，即被告人何××犯贩卖毒品罪，判处有期徒刑十年；维持通什市人民法院(2000)通刑初字第××号刑事判决的附加刑部分，即对被告人何××并处罚金1 000元。

二、上诉人(原审被告人)何××犯贩卖毒品罪,改判有期徒刑一年六个月。

(刑期自判决执行之日起计算。判决执分以前先行羁押的,羁押1日折抵刑期1日,即自1999年5月24日起至2000年12月23日止)。

本判决为终审判决。

审判长

审判员

代理审判员

二〇〇〇年六月二十二日

书记员

[评析] 刑事判决书的写作难度较大,因为刑事判决书的犯罪事实、证据的描述内容繁多,如果不注意描述的顺序和写作的方法,则给人感觉整篇法律文书缺少章法。此外,对于二审进行改判的法律文书写作难度更大,因为其需要针对一审判决书中认定的事实、证据、判决理由进行有针对性的写作。本法律文书在格式上完全正确,叙述得较为精炼、准确,在阅读时注意把握以下几点:(1)二审判决中对证据的认定详尽、透彻,尤其是对林××、黎××证言是否采信,采信什么内容的分析;(2)对适用法律的认定值得学习;(3)掌握判决部分的阐述,尤其是刑期的描述一定要准确。

第五节 刑事附带民事判决书

一、刑事附带民事判决书的概念

刑事附带民事判决书,是指在刑事诉讼过程中,由于被告人的犯罪行为使国家、集体或个人的财产遭受损失,经受害单位、个人或人民检察院提起附带民事诉讼,追究被告人侵权的民事责任,由人民法院审理该刑事案件的同一审判组织一并审理后作出的判决书。

二、刑事附带民事判决书的格式

刑事附带民事判决书的制作格式与同审级的刑事判决书相同,只是写法稍有区别。如果刑事和附带民事部分分开审理的,则应分别制作判决书,而刑事部分的判决书与同审级的判决书一致,附带民事诉讼部分的判决书与民事判决书一致。

第六节　刑事裁定书

一、刑事裁定书概念和特点

(一)刑事裁定书的概念

刑事裁定书,是指人民法院在刑事案件审理或判决执行过程中,就程序问题和部分实体问题所作的决定书。

(二)刑事裁定书的特征

1. 灵活性。
2. 应用范围的广泛性。
3. 简便性。
4. 不具有排他性。
5. 具有同判决书同等的法律效力。

二、刑事裁定书的应用范围(包括程序问题和部分实体问题)

1. 裁定驳回自诉人对被告人的自诉。
2. 中止审理。
3. 终止审理。
4. 准许撤诉或按撤诉处理的。
5. 发回重审。
6. 补正裁判书。

三、刑事裁定书的格式

就程序问题作出的刑事裁定书,内容简单,包括首部、正文和尾部。就实体问题作出的刑事裁定书格式要求同判决书相似,具体如下:

1. 首部。
2. 正文:包括事实、理由、裁定结果。
3. 尾部。

四、范文

海南省海南中级人民法院
刑事附带民事裁定书

（××）海南刑终字第××号

原公诉机关万宁市人民检察院。

上诉人（原审附带民事诉讼原告人）符××，男，1974年出生，汉族，初中文化程度，住海南省××市大×××村。

原审被告人邢××，男，1976年10月15日出生，汉族，初中文化程度，海南省××市××镇×××村人，农民。因涉嫌犯寻衅滋事罪于2002年10月5日被刑事拘留，同年11月23日被逮捕，现押于万宁市看守所。

原审被告人吴××，又名吴××，男，1983年4月21日出生，汉族，文化程度小学，海南省××市××镇坝头村委会××村人，农民。因涉嫌犯寻衅滋事、盗窃罪于2002年9月8日被刑事拘留，同年11月18日被逮捕，现押于万宁市看守所。

万宁市人民法院审理万宁市人民检察院指控原审被告人邢××犯寻衅滋事罪、吴××犯寻衅滋事罪和盗窃罪、原审附带民事诉讼原告人符××提起附带民事诉讼一案，于二〇〇三年四月三十日作出(2003)万刑初字第28号刑事附带民事判决。原审附带民事诉讼原告人符××不服，提出上诉。本院依法组成合议庭，经过阅卷，询问当事人，认为事实清楚，不需要开庭审理，现已审理终结。

原审判决认定，2002年7月23日下午4时许，被告人邢××、吴××伙同邢××、吴××、陈××等人窜到××镇××村××铺准备找黄××报复，黄××见状离开。被告人邢××、吴××等人发现符××正在打手机，以为是报警，便围打符××。被告人邢××当时持着一支短管火药枪并用枪柄砸伤符××的左眼角。当符××逃离铺不远处时，邢××又从被告人吴××手中接过一枚山猪炮抛向符××炸伤符的后腰部致轻微伤。符××被打伤后住入万宁市人民医院治疗7天，花去医疗费人民币1 586.12元（有出院病历记载），被告人邢××、吴××及其他同伙已给付赔偿款人民币500元。另外，原审法院还认定被告人吴××有盗窃行为的事实。原判认定上述事实的证据有：1. 被告人邢××、吴××的供述，均证实2002年7月23日下午，他们伙同邢××、吴××、陈××等一起到××镇××村找黄××报复，见被害人正在打手机，以为是报警，便打了被害人。被告人邢××还用枪柄砸被害人的肩部、背部，后又从吴××手中接过一枚山猪炮扔打中其后腰部。另外，吴××的供述，还证实了其本人于2002年6月8月间盗窃四辆摩托车的经过。2. 被害人符××的陈述，证实案发时他在黄××的铺面看见被告一伙人要追打黄××，他正准备打手机报警，却被这伙人持械和用山猪炮打伤的事实。事后其已收到被告人邢××、吴××等人的赔偿款人民币 500 元。3. 证人符××、李××、陈××、陈××、黄××等人的证言，均证实被告人邢××、吴××及其同伙到黄××的铺想报复黄时，见符××在打手机，便围打符××，其中一青年是用枪柄打，还扔一枚山猪炮打符××的后背部。4. 现场勘查笔录及照片，证实案发地点和现场遗有爆炸残留物及被害人的伤情。5. 鉴定书，证实被害人符××的损伤属轻微伤。原审法院认为以上证据经庭审质证，来源客观合法，并能相互印证，予以采信。

原审认为，被告人邢××、吴××目无国法，在结伙报复他人未得逞时，随意殴打被害人，其行为恶劣，均已构成寻衅滋事罪。被告人吴××还以非法占有为目的，秘密窃取他人财物，数额较大，其行为又构成盗窃罪，应予数罪并罚。被害人（附带民事诉讼原告人）符××要求二被告人赔偿因受伤害所造成的经济损失有理，予以支持。参照海南省公安厅交通警察总队《关于二〇〇二年度海南省道路交通事故人身损害赔偿计算标准的通知》精神予以赔偿，即原告人符××要求赔偿的医疗费应为人民币 1 586.12 元、误工费人民币 612 元（包括治疗 7 天和回家休息 20 天，以每天 23 元计算）、护理费人民币 102.69 元（每天 14.67 元×7 天）、住院伙食费人民币 175 元（每天 25 元×7 天），四项合计人民币 2 485. 81 元，二被告人应予以赔偿。但原告人请求超出上述事项的数额无理，不予支持。原告人符××的伤主要是被告人邢××的行为直接造成的，邢应负主要责任，即承担 60% 的赔偿责任；被告人吴××在本案中起辅助作用，应负次要责任，即承担 40% 的赔偿责任。因此，扣除原告人符××已领取的赔偿款人民币 500 元，被告人邢××、吴××应当付给符××的赔偿款分别为人民币 1 191. 50 元和 794. 30 元，并共同负连带赔偿责任。据此，原审依照《中华人民共和国刑法》第二百九十三条第（一）项、第二百六十四条、第五十二条、第五十三条、第二十五条第一款、第三十六条第一款、第六十九条第一款、第六十四条及《中华人民共和国民法通则》第一百一十九条、第一百三十条的规定，分别判决：1. 被告人邢××犯寻衅滋事罪，判处有期徒刑一年六个月。2. 被告人吴××犯寻衅滋事罪，判处有期徒刑一年；犯盗窃罪，判处有期徒刑一年，并处罚金人民币 1 000 元；决定执行有期徒刑二年，并处罚金人民币 1 000 元。3. 被告人邢××、吴××应分别赔偿人民币 1 191.50 和 794.30 元给原告人符××，并共同负连带赔偿责任，赔偿款限于判决生效后一个月内付清。4. 随案移送的 70C 嘉陵摩托车两部，予以没收。

本案刑事部分判决已发生法律效力。附带民事诉讼原告人符××不服，以原审认定被告人邢××、吴××犯寻衅滋事罪与事实不符、定性不准及案发时上诉人身上带有人民币 3 800 元已丢失，而原审没有判赔为由，提出上诉。

经审理查明，原审判决认定 2002 年 7 月 23 日下午 4 时许，原审被告人邢××和吴××伙同邢××、吴××、陈××等人窜到××市××镇××村黄××铺找黄××报复时，殴打上诉人（原审附带民事诉讼原告人）符××，原审被告人邢××还手持一支短管火药枪并用枪柄砸伤符××的左眼角及从原审被告人吴××手中接过一枚山猪炮抛中符××的后腰部致其轻微伤的事实清楚，有原审被告人邢××、吴××的供述和上诉人符××的陈述，证人符××、李××、陈××、黄××的证言，现场勘查笔录、现场照片及伤情照片，万宁市公安局人体损伤程度鉴定书等证据证实。以上证据经原审庭审质证，各证据之间能相互印证，并经二审核实，其来源合法、客观真实，足以认定上述事实。

本院认为，原审被告人邢××、吴××无视国法，结伙惹事生非，无故殴打被害人，情节恶劣，其行为均已构成寻衅滋事罪，原审已依法惩处。二被告人对因其犯罪行为所给被害人（上诉人）符××造成的经济损失依法应按其在本案中所起的作用分别承担民事赔偿责任，原审对此已依法作出判决。上诉人符××上诉称原判定性不准及对其在案发时丢失的 3 800 元未作判赔，这一上诉意见没有法律依据和未能提供证据证实，其上诉理由不成立，不予支持。原审判决认定事实清楚，适用法律正确，民事赔偿部分处理恰当，审判程序合法，应予维持。依照《中华人民共和国民事诉讼法》第一百五十三条第（一）项之规定，裁定如下：

驳回上诉，维持原判。

本裁定为终审裁定。

审判长

审判员

审判员

二〇〇三年六月十八日

（院印）

书记员

［评析］刑事裁定书由于应用范围很广，可以解决部分程序问题，也可以解决部分实体问题，虽然其作用与内容千差万别，但其结构基本一致的，本文的结构完全符合刑事裁定书的结构要求，通过本文的阅读，主要掌握刑事裁定书的结构安排。

【本章小结】

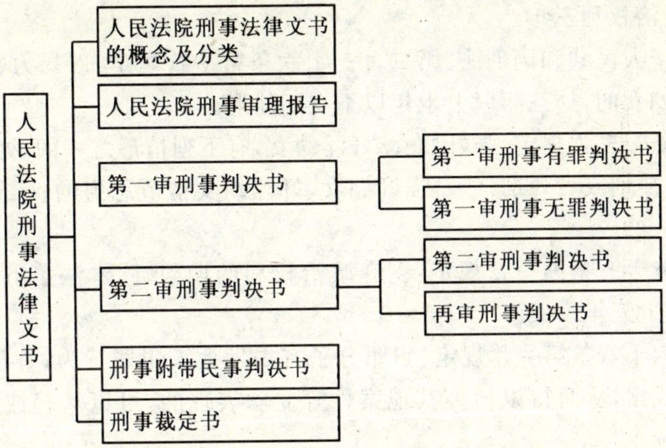

【本章练习】

根据材料，拟写第一审刑事判决书中的理由部分。

2000年12月20日下午，被告人赵×经过镇政府门口时，看见女青年韩×在街上走过，心生歹意，即尾随其后直至韩家门外。当晚10时许，被告人赵×携带尖刀，窜至韩×家，翻墙入院，打碎玻璃，闯入室内，用尖刀对韩×进行威胁，令其不准开灯和叫喊，对韩×实施了强奸。第二天晚10时许，被告人赵×再次窜到韩×家时，被韩×的丈夫胡××及邻居张××、李××当场抓获并扭送当地先进乡派出所。

上述犯罪事实的证据有：1.被害人韩×的丈夫胡××及邻居张××、李××当场抓获被告人并扭送先进乡派出所时的陈述笔录和被害人韩×的陈述笔录；2.现场勘查笔录；3.收缴被告人赵×的作案凶器尖刀一把；4.被告人的供述，所供述的犯罪的时间、地点、手段、情节等，与上述证据所证实的情节一致。

被告人赵×在羁押期间能揭发他人的盗窃犯罪事实，经查证属实。

A省B县人民检察院指控被告人赵×涉嫌强奸罪，向B县人民法院提起公诉。被告人辩解和辩护人辩护均认为被告人为初犯，并有揭发他人犯罪的行为，可以从轻或减轻处罚。

A省B县人民法院对该案审理后，认为公诉机关指控的罪名能够成立，对被告人应依法惩处；被告人和辩护人关于有“揭发他人犯罪的行为，可以从轻或减轻处罚”的辩护意见，法院予以采纳，而关于“初犯”的辩护意见，法院不予支持。

B县人民法院根据事实，依照法律，以被告人赵×犯强奸罪，判处有期徒刑十三年，剥夺政治权利三年。

附：《中华人民共和国刑法》第二百三十六条第一款规定：以暴力、胁迫或者其他手段强奸妇女的，处三年以上十年以下有期徒刑。

同法同条第三款规定：强奸妇女、奸淫幼女，有下列情形之一的，处十年以上有期徒刑、无期徒刑或者死刑：(一)强奸妇女、奸淫幼女情节恶劣的；(二)强奸妇女、奸淫幼女多人的……

同法第五十五条第一款规定：剥夺政治权利的期限，除本法第五十七条规定外，为一年以上五年以下。

同法第六十八条第一款规定：犯罪分子有揭发他人犯罪行为，查证属实的，或者提供重要线索，从而得以侦破其他案件等立功表现的，可以从轻或者减轻处罚……

【参考答案】

本院认为，被告人赵×无视国家法律，违背妇女意志，强行与妇女发生性行为，其行为已构成强奸罪，应负刑事责任。被告人在羁押期限，揭发他人犯罪行为，经本院查证属实，可以从轻、减轻处罚。公诉机关指控被告人犯强奸罪的事实清楚，证据确实、充分，罪名成立，本院予以支持。对于被告人赵×及其辩护人提出的被告人有揭发他人犯罪的行为，可以从轻或减轻处罚的辩护意见，经本院查证属实，本院予以采纳，对于被告人及其辩护人提出的被告系初犯，应从轻处罚的辩护理由，本院不予采纳。为了保护妇女的权利不受侵犯，维护社会治安秩序，惩罚犯罪，依照《中华人民共和国刑法》第二百三十六条第一款、第五十五条第一款、第六十八条第一款之规定，判决如下……

第六章　人民法院的民事法律文书

知识目标

- 了解人民法院的民事法律文书的概念及分类。
- 理解人民法院的民事判决书的制作要求。
- 掌握民事判决书的制作。

技能目标

- 能够理解人民法院的民事判决书制作要求。
- 能够独立进行民事判决书的制作。

引言

本章主要是介绍人民法院的民事法律文书。学习本章，要注意了解法院的民事法律文书的内容和格式。本章的重点是第一节民事判决书。在学习方法上，要广泛阅读优秀的民事法律文书，分析其中的优点与不足之处，在此基础上应多写多练，达到能独立写作的要求。

第一节　民事判决书

一、民事判决书的概述

民事判决书，是指人民法院在民事诉讼中，为解决诉讼当事人之间的民事权利义务的争议，就案件的实体问题依法制作的具有法律效力的法律文书。

按照审判所适用的程序不同，民事判决书可以分为第一审民事判决书、第二审民事判决书、再审民事判决书。

二、民事判决书格式

民事判决书由首部、正文和尾部组成。

三、注意事项

1. 区分是民事纠纷还是经济纠纷。
2. 未成年人的问题。
3. 共同诉讼的问题。

四、范文评析

(一)第一审民事判决书

[范文一]

北京市朝阳区人民法院
民事判决书

(××)民初字第××号

原告李××,女,1961年4月9日出生,汉族,北京市××区口腔修复诊所技师,住北京市××区×××路×号院。

委托代理人荣××,男,北京市××区××街道办事处职员,住北京市××区××门内大街×号楼××号。

被告北京×××美容中心,住所地北京市××区××会国际×座×层×室。

法定代表人任××,该中心经理。

委托代理人张××,北京市××律师事务所律师。

委托代理人何××,北京市××律师事务所律师。

原告李××(下称原告)与被告北京×××美容中心(下称被告)医疗美容损害赔偿纠纷一案,本院受理后,依法组成合议庭,公开开庭进行了审理,原告李××及其委托代理人荣××、被告法定代表人任××及其委托代理人张××、何××均到庭参加了诉讼,本案现已审理终结。

原告诉称:2003年7月26日,我由两个朋友陪同到被告处由任××主刀做了祛除眼袋手术。术前,被告承诺我不会出现皱纹,不会眼窝凹陷。但术后,我眼睛下面出现了两个坑,形成了凹陷,下眼睑边缘突起,眼周围出现多处皱纹。经我调查,得知被告没有医疗美容的经营范围,任××也无医师资格。但被告却对我采用欺骗的手段,擅自开刀做手术,伤害了我的眼睛,致使我精神上受到极大打击。为了维护我的合法权益，我现诉至法院，请求判令被告双倍返还我祛除眼袋的手术费1 600元，双倍返还我医药费400元，此两项合计2 000元；赔偿我再治疗修复费用6 600元；精神损失费1万元；诉讼费由被告承担。

被告辩称：原告与我中心在2003年7月27日签订美容合同，双方之间形成了美容服务合同关系，所以本案不属于侵权。原告于当天在我中心做了祛眼袋手术，负责手术的我中心医师任××具有整形美容专业知识，手术非常成功，我中心没有违约，也没有对原告造成伤害。即使我中心存在超范围经营的问题，那也属于工商行政管理范畴，不影响双方之间的民事法律关系。请法院驳回原告的全部诉讼请求。

经审理查明：原、被告于2003年7月27日签订了《×××美容中心美容协议书》（下称协议书），其中注明：诊断为（原告）双侧下眼睑袋膨隆；美容项目为双侧眼袋祛除术；专科情况为双侧眼袋膨出，皱纹较多，非月经期；美容中、后期可能出现的主要问题包括感染，局部青紫、肿胀，切口处红肿逐渐消退，双侧不完全对称，外形不能尽善尽美，下睑松弛皮肤不能去除过多，皱纹只能减少，不能完全消失。原告及被告法定代表人任××均在该协议书上签字。据此，原告在被告处接受了由任××实施的祛除眼袋手术。2003年9月20日，被告开具一张收据，注明收到原告的美容费（祛眼袋）800元，其上加盖的系北京×××美容中心公章。经查，北京×××美容中心于2003年7月8日经工商部门核准，名称变更为现被告之名称。庭审中，原告对协议书上除其签名以外的其余内容均不予认可，称其在协议书上签名时，协议书系空白。

另查，被告在工商部门登记注册的经营范围包括：主营美容（医疗美容除外）、美容技术咨询（未取得专项许可的项目除外）。任××具备执业医师资格。

上述事实，有美容费收据、工商变更证明、企业法人营业执照副本、景××证言、张×证言、任××证言、协议书、任××执业医师证、原告术前术后照片及双方当事人的当庭陈述等在案佐证。

本院认为：医疗美容系运用手术、药物、医疗器械以及其他具有创伤或侵入性的医学技术方法对人的容貌和人体各部位形态进行的修复与再塑。以开展医疗美容诊疗业务为主的美容医疗机构必须经卫生行政部门登记注册并获得《医疗机构执业许可证》后方可开展执业活动。本案中，原、被告因签订协议书形成了医疗美容服务合同关系，被告在不具备美容医疗机构资格的条件下，违反相关规定，擅自对原告实施了属于医疗美容范围内的祛除眼袋手术，主观上有过错。原告现选择以侵权之由起诉被告，于法有据。但侵权行为的成立须具备四项构成要件，其中之一即系因侵权行为造成了相应损害后果。结合本案查明的事实，原告未能证明损害后果的客观存在，因此原告主张被告构成侵权不能成立，原告据此要求被告双倍返还手术费、医药费，赔偿相应损失的诉讼请求，本院不予支持。关于被告超越经营范围的不当行为，本院将另行建议相关行政管理机关予以惩处。综上，依据《中华人民共和国民法通则》第一百一十九条之规定，判决如下：

驳回原告李××的诉讼请求。

案件受理费六百七十四元，由原告李××负担(已交纳)。

如不服本判决，可于判决书送达之日起十五日内，向本院递交上诉状，并按对方当事人的人数提出副本，上诉于北京市第二中级人民法院。

审判长

代理审判员

代理审判员

二〇〇四年五月十八日

(院印)

书记员

［评析］阅读本民事判决书，应从整体上把握民事判决书的整体结构，本篇判决书语言精炼，表述准确，结构正确，尤其是对判决理由的阐述，本判决书阐述的较为透彻，其主要结合本案是侵权诉讼抑或是违约诉讼进行阐述，因为本案的定性为侵权诉讼或者是违约之诉对整个理由的阐述会大相径庭，如果是违约之诉，需要结合合同的约定，合同的履行是否违反法律进行阐述，如果是侵权诉讼，需要结合侵权的四个构成要件进行阐述，本判决书即从侵权的构成要件的角度进行阐述，由于原告不能证明损害事实的存在，因此不符合侵权的构成要件，自然原告的诉讼请求不能得到法院的支持。

(二)第二审民事判决书

［范文二］

海南省海口市中级人民法院
民事判决书

(××)海中法民终字第××号

上诉人(原审被告)陈××，女，1968年7月4日出生，汉族，无业，住海口市××村××号。

被上诉人(原审原告)汪××，男，1958年4月22日出生，汉族，住海口市××村××号。

上诉人陈××因离婚一案，不服海口市××区人民法院(2001)振民初字第

702号民事判决，向本院提起上诉。本院于2002年3月6日立案受理后，依法指定审判员甘××担任审判长，与审判员胡××、蔡××组成合议庭，共同负责对案件进行审理。现经合议庭评议，本案已审理终结。

原审判决认定，汪××、陈××虽属自主自愿婚姻，且已生育一女，但因夫妻性格不合、欠缺沟通、缺乏理解，双方常因家庭琐事发生争吵，导致夫妻关系紧张，陈××于1998年8月回娘家居住，与汪××分居生活至今，2000年7月，汪××曾起诉到法院要求离婚，经法院判决不准离婚后，夫妻关系仍无改善，一直分居生活至今，夫妻感情确已破裂，因此，汪××诉请离婚原审法院予以支持。同时考虑到汪××有一定的经济来源，陈××无工作，无经济来源，因此，离婚后，汪××应给予陈××一定的经济帮助款。由于汪××有一定的经济收入，为了孩子的健康成长，应由汪××抚养孩子为宜，汪××表示不需要陈××给付孩子的抚养费，对此，原审法院予以照准。故判决：一、准予汪××与陈××离婚。二、双方婚生孩子汪×由汪××抚养至独立生活止，陈××不需要给付孩子的抚养费。三、汪××自本判决生效之日起十日内将经济帮助款人民币5 000元给付给陈××。

上诉人陈××上诉称，一审判决认定事实不清，上诉人与被上诉人是自由恋爱并自愿登记结婚的，婚后感情也一直很好，直到1994年7月生育女儿后，由于被上诉人重男轻女思想严重，两人关系方开始出现裂痕的。而这也是被上诉人请求离婚的根本原因，是不正当的。上诉人回娘家居住是因为被上诉人经常打骂，并且使用武力把上诉人赶出家门同时把门锁全部换掉，使上诉人有家不能回，同时被上诉人还阻止上诉人与其女儿相见，使上诉人因无法见到女儿而精神常年受到的摧残、折磨，完全可以认定，被上诉人实施了家庭暴力，是我国婚姻法所禁止的违法行为。因此请求二审法院改判不准许离婚。

上诉人在二审中未有新的证据提供。

被上诉人汪××答辩称，我并不是重男轻女，孩子仍在我身边，是上诉人自己要离开家，并不是我赶她出门。我们分居了这么多年，感情已经无法维持，我坚决要求离婚。

被上诉人在二审中未有新的证据提供。

法庭围绕双方当事人争议的焦点，审理查明的事实如下：

汪××与陈××于1991年经人介绍认识，后建立恋爱关系，双方于1992年1月9日自愿登记结婚。婚初感情较好，于1994年7月生育女儿汪×。后因双方性格不合，常因家庭琐事发生争吵，陈××于1998年8月回娘家居住。双方一直分居生活。但孩子一直由汪××抚养。2000年7月，汪××以夫妻感情破裂为由向原审法院诉请离婚，经原审法院判决不准双方离婚后，双方仍未恢复和好，继续分居生活至今。现汪××又向原审法院诉请离婚，提出由其抚养孩子，并表示不需要陈××给付孩子的抚养费。但陈××表示不同意离婚。另查，汪××在外帮人搞装修，有一定的经济来源，陈××无工作，无经济来源。双方均无夫妻共同财产，无共同债权债务。在二审审理过程中，本院依法送达传票时，上诉人的亲属口头提出上诉人患有精神病，本院于2002年3月29日将限期举证通知书送达给上诉人及其亲属，要求上诉人及其亲属在2002年4月3日前向本院提交上诉人患有精神病的相关材料。上诉人及其亲属在本院限期举证的时限内未向本院提交任何证据。

上述事实，有双方当事人的结婚证及双方的陈述笔录等证实，足以采信。

本院认为，根据案件事实和证据，处理意见如下：

上诉人陈××与被上诉人汪××虽系自主婚姻，并已生育女孩汪×，但因婚后双方性格不合，常因家庭琐事发生争吵，夫妻关系紧张，上诉人于1998年8月离家在外，双方分居生活多年，夫妻感情淡漠，经原审法院判决第一次不准离婚后，双方仍然没有往来，夫妻感情确已破裂。被上诉人同意抚养孩子并表示不要求上诉人支付抚养费，应予以照准。上诉人提出被上诉人有家庭暴力及被上诉人重男轻女等，因分居期间孩子一直由被上诉人抚养，且上诉人对其提出的主张未能提供证据，本院不予采信。上诉人要求判决不准予离婚的依据不足，本院不予支持。依照《中华人民共和国婚姻法》第三十二条第一款、第二款、第三款第（四）项、第三十七条、第四十二条及《中华人民共和国民事诉讼法》第一百五十三条第一款第（一）项的规定，判决如下：

驳回上诉，维持原判。

二审案件受理费50元，由上诉人陈××负担。

本判决为终审判决。

审判长

审判员

审判员

二〇〇二年四月二十二日

（院印）

书记员

［范文三］

海南省海口市中级人民法院
民事判决书

（××）海中法民终字第××号

上诉人（原审被告）谭××，女，1963年3月1日出生，汉族，无业，住海口市××区×××大厦×座××号。

委托代理人周××，海南××律师事务所律师。

委托代理人谭××，男，1934年12月29日出生，汉族，辽宁省××市××集团干部，住海口市××区××路××大厦×座××号。

被上诉人（原审原告）李××，男，1972年7月22日出生，汉族，海口市××大道食为仙酒店职员，住海口市××大道食为仙酒店。

委托代理人杨××，男，1942年4月4日出生，海口市×××××酒店经理，住海口市××花园××室。

委托代理人杨××，男，1974年7月28日出生，汉族，海口市×××××酒店副经理，住海口市××花园××室。

上诉人谭××因返还购车款纠纷一案，不服海口市××区人民法院（2001）新民初字第272号民事判决，向本院提起上诉。本院于2002年1月8日立案受理后，依法指定副庭长甘××担任审判长，与审判员胡××、李×组成合议庭，共同负责对案件进行审理。经合议庭评议，本案已审理终结。

原审判决认定，谭××未经琼C10919丰田面包车车主海南省××市××镇卫生院的同意，而且明知该车已被法院查封而隐瞒了事实真相，与李××签了"旧车转让协议书"，已违反了法律的规定，该"旧车转让协议书"应是无效的协议书。谭××对此应承担过错责任，李××未查明琼C10919丰田面包车的基本情况，而与谭××签订协议，其亦存在一定的过错责任，应承担相应责任，因此，李××应将琼C10919丰田面包车返还给谭××，同时，谭××应将8万元购车款退还给李××。因合同的无效是双方当事人的过错造成，故对此过错行为造成的利息损失及汽车折旧费等损失应由李××、谭××各自承担。李××诉请车款8万元的利息，原审法院不予支持。因李××将琼C10919丰田面包车的行驶证遗失，李××愿意承担补办行驶证的一切费用，原审法院予以照准。故判决：一、谭××应于本判决发生法律效力之日起十日内向李××退还8万元购车款。二、李××应于本判决发生法律效力之日起十日内向谭××返还琼C10919本田面包车。三、驳回李××的其他诉讼请求。

上诉人谭××上诉称，一、一审法院在一审中，认定三亚中级法院查封该车的事实不清，证据不足，与上诉人调查的实际情况不一致，应依法撤销。上诉人经过调查发现，一审认定琼C10919丰田面包车1997年4月17日被三亚市中级法院查封明显证据不足，由于另案被执行人与执行申请人的债权债务已经履行完毕，查封案由已经消失。但由于工作上的问题，三亚中院至今未及时将该车予以解除查封，这是本案正确判决的关键。据转让该车给上诉人的林明孟介绍，当时该车被三亚中院查封后，车主与债权人在三亚中院执行人员的主持下，车主已履行了全部债务，执行案件已经执行终结，三亚中院未能及时到琼北车管所办理解封手续。一审仅凭琼北车管所一张在法院介绍信背后的证明，就轻率地判决双方返还，明显认定事实不清。二、一审判决明显偏袒被上诉人，适用法律不公。被上诉人受让该车已经接近二年时间，但一审法院在对车辆拒绝做折旧鉴定的情况下，单方地适用返还原则，明显适用法律不公。三、在一审中，上诉人申请追加林××作为第三人参加本案诉讼，但一审法院拒绝追加，难以维护上诉人合法权益，且一审中案件受理费仅为2 910元，保全费500元。但一审法院为了阻止上诉人上诉，人为地将保全费也计入案件受理费，从而增加上诉人负担，明显适用法律不公。因此请求二审法院撤销原判，驳回被上诉人的诉讼请求。

上诉人在二审中提供以下新的证据：1. 三亚市中级人民法院于2001年11月15日作出的(1997)三亚执字第22—40号民事裁定书；2. 2001年11月16日三亚市中级人民法院(1997)三亚执字第22—40号协助执行通知书；3. 三亚市中级人民法院将民事裁定书、协助执行通知书送达给海南省琼北车管所的送达回证；4. 三亚市中级人民法院2001年11月18日的委托宣判函；5. 海口市中级人民法院通过特快专递邮寄给海南琼北车管所的国内特快专递详情单等，以此证明本案争议的标的物琼C10919丰田面包车已被解封。

被上诉人李××答辩称，一、上诉人认为被上诉人以琼C10919丰田面包车已被法院解封一事，至今也不能提供相关法院解封裁定，上诉人应提供证据，否则不能自圆其说。二、上诉人既非该琼C10919车的车主，转让未经登记车主的同意，私下转让该车的行为，本身就是双方所签订的“旧车转让协议书”被认定无效的主要原因。其应对合同的无效负主要过错责任，应当承担因其过错而致被上诉人的经济损失。综上，请求二审法院驳回上诉，维持原审判决。

被上诉人在二审中未有新的证据提供。

法庭围绕双方当事人争议的焦点，审理查明的事实如下：

2000年4月17日，上诉人谭××与被上诉人李××签订“旧车转让协议书”一份，协议约定由谭××将琼C10919丰田面包车以8万元价格转让给李××。

协议签订后，李××当即将8万元购车款交付给谭××，谭××将该车及其行驶证交付给李××。2000年4月，李××将琼C10919丰田面包车的行驶证遗失，李××到海南省琼北车辆管理所办理补证、过户手续，得知该车被三亚市中级人民法院查封，未能办理。因无法办理过户手续，李××要求谭××将购车款予以返还未果，遂诉至原审法院，引起讼争。经查，琼C10919丰田面包车车主为海南省琼海市卜敖镇卫生院，该车于1997年4月17日被三亚市中级人民法院查封，本案一审判决后，2001年11月15日三亚市中级人民法院以（1997）三亚执字第22—40号民事裁定书将该车予以解封。上诉人在二审提供以下新的证据：1. 三亚市中级人民法院于2001年11月15日作出的（1997）三亚执字第22—40号民事裁定书；2. 2001年11月16日三亚市中级人民法院（1997）三亚执字第22—40号协助执行通知书；3. 三亚市中级人民法院将民事裁定书、协助执行通知书送达给海南省琼北车管所的送达回证；4. 三亚市中级人民法院2001年11月18日委托本院宣判的委托宣判函；5. 本院通过特快专递邮寄给海南琼北车管所的国内特快专递详情单（内注明民事裁定书、协助执行通知书）等，以此证明本案争议的标的物琼C10919丰田面包车已被解封。李××对该车现已解封无异议，但认为转让时该车系查封状态，转让行为应无效。另该车的行驶证遗失，李××在一审中表示愿意承担办理补证的一切费用。

以上事实，有谭××与李××签订的"旧车转让协议书"、谭××出具的收款收据、三亚市中级人民法院（1997）三亚执字第22—40号民事裁定书、三亚市中级人民法院（1997）三亚执字第22—40号协助执行通知书、三亚市中级人民法院将民事裁定书、协助执行通知书送达给海南省琼北车管所的送达回证、三亚市中级人民法院2001年11月18日委托本院宣判的委托宣判函、本院通过特快专递邮寄给海南琼北车管所的国内特快专递详情单等书证及双方当事人的陈述等证实，足以采信。

本院认为，根据案件事实和证据，处理意见如下：

谭××与李××在签订"旧车转让协议书"时，协议的标的物琼C10919丰田面包车虽处于查封状态，但鉴于在二审过程中，该车已经三亚市中级人民法院解封，导致该协议无效的因素已经消除，根据《民法通则》第七十二条及《合同法》第一百三十三条的规定，标的物的所有权自标的物交付时起转移，但法律另有规定或者当事人另有约定的除外。机动车属于动产，根据最高人民法院研究室《关于如何认定买卖合同中机动车财产所有权转移时间问题的复函》，机动车所有权从机动车交付时起转移。2000年6月公安部交通管理局给最高人民法院研究室的复函称："根据现行机动车登记法规和有关规定，公安机关办理的机动车登记，是准予或者不准予机动车上道路行驶的登记，不是机动车所有权登记。因此，将车辆管理部门办理过户登记的时间作为机动车财产所有权转移的时间没有法律依据。”因此，谭××与李××在签订协议后，李××将购车款交付给谭××，谭××亦将琼C10919丰田面包车及有关证照交付给李××，现该车已处于自由流通状态，对李××使用该车未造成任何影响，对其权利亦未造成损害，因此实际该车的所有权已转移给李××，现李××主张协议无效，要求谭××返还购车款，缺乏法律依据，本院不予支持。而因行车证的丢失是李××自身过错造成的，其后果应由李××自行承担。上诉人谭××上诉理由充分，应予支持。原审认定事实清楚，但因发生了新的法律事实，应予改判。而该案系因发生了新的法律事实而改判的，因此发生的诉讼费谭××亦应承担一半。至于谭××在上诉状中提到的诉讼费中含有保全费的问题，没有依据，不予采纳。依照《中华人民共和国民法通则》第七十二条、第八十五条、《中华人民共和国合同法》第四十四条、第一百三十三条、《中华人民共和国民事诉讼法》第一百五十三条第一款第(三)项的规定，判决如下：

一、撤销海口市新华区人民法院(2001)新民初字第272号民事判决；

二、驳回李××的诉讼请求。

三、二审案件受理费共计6 820元，由李××与谭××各负担一半。

本判决为终审判决。

审判长

审判员

审判员

二〇〇二年三月二十六日

(院印)

书记员

(三)再审民事判决书

[范文四]

中华人民共和国最高人民法院

民事判决书

(××)民二提字第××号

申请再审人(一审被告，二审上诉人)：中国××集团有限公司，住所地山东省××市花园路××号。

法定代表人：张××，董事长。

委托代理人：张××，中国××集团销售总公司法律顾问。

申请再审人(一审被告,二审上诉人):中国××集团销售总公司,住所地山东省××市和平路××号。法定代表人:张家岭,总经理。

委托代理人:张××,该公司法律顾问。

被申请人(一审原告,二审被上诉人):安徽省××置业(集团)股份有限公司(原××机电(集团)股份有限公司),住所地安徽省××市颖河西路××号。

法定代表人:黄××,董事长。

委托代理人:肖××,该公司党委书记。

委托代理人:李××,安徽××律师事务所律师。

申请再审人中国××集团有限公司(以下简称轻骑集团)、中国××集团销售总公司(以下简称××销售公司)与原阜阳机电(集团)股份有限公司(以下简称阜阳机电公司)购销合同纠纷一案,安徽省高级人民法院于2000年11月27日作出(2000)皖经终字第300号民事判决,已经发生法律效力。2002年3月11日,本院以(2001)民二监字第142号民事裁定,决定对本案进行提审。本院依法组成合议庭公开开庭审理了本案××集团、××销售公司的委托代理人张×和安徽省金地置业(集团)股份有限公司(以下简称金地公司)的委托代理人肖××、李×到庭参加诉讼。本案现已审理终结。

经审理查明:××集团、××销售公司与××机电公司有多年的摩托车购销业务关系。1995年7月18日,××集团(甲方)与××机电公司(乙方)签订了一份潇洒木兰包销协议书(以下简称包销协议),约定乙方于同年8月至12月份包销甲方生产的QM50QW-B型摩托车2 500辆,每辆人民币4 190.4元,乙方按月包销量以银行承兑汇票付款等内容。7月20日,“中国××摩托车集团销售总公司”(供货方)与××机电公司(需方)签订工矿产品购销合同(以下简称购销合同),约定该公司自1995年8月至12月供给××机电公司QM50QW—B型摩托车2 500辆,每辆人民币4 190.4元,以承兑汇票结算等内容,并约定如发生纠纷由需方(所在地)即安徽省××法院管辖。上述协议签订后,××机电公司先后9次向××集团和××销售公司共同使用的中国工商银行济南历下区支行3004301680账号开出承兑汇票,付货款合计人民币17 433 880元。其中收款人名称是××集团的银行承兑汇票有三张,具体日期、金额、票号分别记载为:1.7月25日368 880元票号07071325;2.7月25日518万元票号4503341;3.9月14日60万元票号0033074;收款人名称是中国××摩托车集团销售公司的银行承兑汇票六张,具体日期、金额、票号分别记载为:8月16日200万元票号04503350;4.9月6日209.5万元票号06995064;5.9月19日190万元票号06995037;6.9月19日209.5万元票号7071369;9月19日209.5万元票号07071370;7、10月5日110万元票号

070713790××集团和××销售公司收到上述款项并向××机电公司供摩托车价值人民币 17 788 611.65 元,其中 QM50QW-B 型摩托车价值人民币 12 733 515.20 元;其他型号摩托车价值人民币 5 055 096.45 元。金地公司对收到轻骑集团和轻骑销售公司所供摩托车价值人民币 17 788 611.65 元没有异议.但认为其中价值人民币 5 055 096.45 元的其他型号摩托车与本案无关。

另查明.1995 年 1 月 24 日××集团(甲方)和××机电公司(乙方)签订《协议书》,该《协议书》第 5 条载明至《协议书》签订之日,乙方欠甲方款 5 835 431.40 元。

××集团原名为济南××摩托车总厂 1992 年更名为中国××摩托车集团总公司,1997 年变更为现用名称。自 1984 年至今××集团一直使用在中国工商银行济南市历下区支行设立的 3004301680 账号。××销售公司原系济南××摩托车总厂的内设部门,1989 年由该厂拨款组成济南××摩托车总厂销售公司,1992 年变更为现用名称。××销售总公司的主要经营范围是销售××集团生产的摩托车及配件,1996 年 8 月 1 日前,使用的是××集团的银行账号,此后根据××集团的决定,成立了独立核算的财务机构,并在中国工商银行济南市历下区支行设立了账号。12 月 30 日,××机电公司经安徽省工商局批准更名为××公司。

安徽省阜阳市中级人民法院一审认为,××机电公司与××集团签订的包销协议及与××销售公司签订的购销合同符合法律规定,且已实际履行,均为有效合同。××集团与××销售公司虽都具有独立法人资格,但在 1995 年与××机电公司发生业务关系时,共同使用同一账号,又均以中国××摩托车集团名义向××机电公司供货,不能分清系两被告哪一方的行为。故两被告收款后,未能足额供货,显系违约,依法应共同承担退还货款,××集团辩称其已完全履约的理由不能成立。××机电公司诉请两被告返还货款及利息的理由正当。据此判决:一、××机电公司与××集团、××销售公司签订的包销协议、购销合同均为有效合同;二、被告××集团、被告××销售公司于判决生效之日起 10 日内退还原告××机电公司货款人民币 4 700 364.80 元及利息。

××集团、××销售公司不服一审判决,以一审判决认定事实错误为由向安徽省高级人民法院提出上诉。安徽省高级人民法院二审认为……据此判决:驳回上诉,维持原判。

××集团、××销售公司不服二审判决向本院申请再审称,1995 年 7 月 20 日购销合同中供货方的签章是伪造的,故申请法院对该签章的真伪予以鉴定;购销合同中供货方是“中国××摩托车集团销售公司”并非申请再审人,××机电公司主张“中国××摩托车集团销售公司”系申请再审人,应负举证责任;申请人已经全面履行了包销协议,并不欠对方货款。原审判决认定事实、适用法律错误,请求予以撤销，并驳回对方当事人的诉讼请求。

××公司辩称，1995 年 7 月 20 日的《工矿产品购销合同》绝无虚假，××集团和××销售公司的相应申诉理由不能成立；××集团和××销售公司拖欠答辩人货款的事实清楚，证据确实充分，二审判令其共同承担民事责任正确，请求维持二审判决。

本院认为，××机电公司与××集团 1995 年 7 月 18 日签订的包销协议是双方当事人的真实意思表示，内容不违反国家法律法规的规定，应认定有效。该协议签订后，××机电公司向××集团和××销售公司付款 17 433 880 元，比协议约定的 10 476 000 元多 6 957 880 元；××集团和××销售公司供 QM5OQW-B 型摩托车价 值人民币 12 733 515.20 元，供其他型号摩托车价值人民币 5 055 096.45 元，供摩托车总计价值人民币 17 788 611.65 元，亦超过协议约定的供货数额。××机电公司收到上述货物后，未拒收或提出异议，应认定××集团和××销售公司已经履行了其与××机电公司约定的供货义务。经当庭对账，即使按照金地公司的主张，扣除 1995 年 1 月 24 日协议载明的××机电公司对××集团的欠款 5 835 431.40 元，也并无××集团和××销售公司欠××机电公司 4 700 364.80 元货款的事实。原审判决认定××集团和××销售公司收到××机电公司汇出的 17 433 880 元货款后，应按该货款总额全部提供 QM5OQW-B 型摩托车，没有合同依据；认定××集团和××销售公司收到××机电公司汇出的 17 433 880 元货款后，仅供合同项下货价值人民币 12 733 515.20 元，与本案事实不符。××集团和××销售公司关于已经全面履行了包销协议，并不欠对方货款的申请理由成立，本院予以支持。

双方对购销合同的真伪存在争议，主要涉及××销售公司是否为本案的当事人及本案是否约定了管辖问题。因该购销合同的主要内容，如合同价款总额、包销标的物的数量、履行时间等与包销协议的约定并无差异，××公司亦主张购销合同是对包销协议的规范和补充，应认定双方已实际履行包销协议。××集团和××销售公司在签订本案合同时共用同一账号，阜阳机电公司先后 6 次以“中国××摩托车集团销售公司”为承兑汇票的收款人向该账号汇款，××集团和××销售公司承认收到上述汇款并共同履行供货义务，根据《最高人民法院关于适用〈中华人民共和国民事诉讼法〉若干问题的意见》第五十二条规定，××集团和××销售公司应为本案的共同诉讼人，原审列××集团和××销售公司为本案共同被告并无不妥。本案已经本院提审，双方当事人约定或未约定管辖法院，均不影响本院对本案的审理。

综上所述．原判决认定事实不清，适用法律不当，应予改判。依照《中华人民共和国民法通则》第五十四条、第八十四条第一款,《中华久民共和国经济合同法》第九条,《中华人民共和国民事诉讼法》第一百八十四条第一款、第一百五十三条第一款第(二)项、第(三)项的规定,判决如下:

一、撤销安徽省高级人民法院(2000)皖经终字第300号、安徽省阜阳市中级人民法院(2000)阜经初字第24号民事判决;

二、驳回安徽省金地置业(集团)股份有限公司的诉讼请求。

三、二审案件受理费共95 778元,由金地公司承担。

本判决为终审判决。

审判长

代理审判员

代理审判员

二〇〇二年十一月二十七日

(院印)

书记员

[评析] 请仔细阅读上述一审、二审、再审的判决书,仔细体会上述不同阶段的民事判决书的不同表达方式及不同的结构安排,尤其注意二审、再审的民事判决书对一审或原审判决事实与理由的描述,掌握判决书中不同的侧重点,尤其是其中的详略安排,需要仔细阅读,细心体会,才能把握不同民事判决书的重点及其写作方法。

第二节 民事调解书

一、民事调解书的概念

民事调解书,是指人民法院审理民事案件,在查明事实、分清是非的基础上,采取调解方式,促使当事人互相谅解,达成协议而制作的文书。

注意:

1. 民事调解书和民事判决书具有同等法律效力,可以强制执行。
2. 有些案件调解后不需制作调解书(如调解和好的离婚案件)。

二、民事调解书的格式

民事调解书分为首部、事实、协议内容和尾部四个部分。

1. 首部,包括标题、诉讼参加人以及案由部分。

2. 正文
- 简要写明当事人的诉讼请求及被告的主要意见
- 过渡性词语（“本案在审理过程中，经本院主持调解，双方当事人自愿达成如下协议”）
- 协议内容（要求完整、合法、具体）

3. 诉讼费用的承担（如果是当事人协商确定的，应写入协议内容，否则，在尾部交代）。

4. 尾部（说明调解书的法律效力，注明调解书生效的时间，审判人员，院印及书记员签名）。

三、范文

[范文一]

北京市第二中级人民法院

民事调解书

（××）二中知初字第×××号

原告：××（香港）有限公司，住所地××东道××号××第×座×楼××室。

法定代表人：冯××，董事。

委托代理人：马××，北京××律师事务所律师。

委托代理人：肖××，北京××律师事务所律师。

被告：××网络系统有限公司，住所地中国北京市××区××大街×号。

法定代表人：卓××，董事长。

案由：网络侵权

原告××（香港）有限公司是《对不起，我爱谁》（演唱者：黎明）录音制品的制作者。被告××网络系统（北京）有限公司于1999年8月正式成立，同年8月设立了中文网站。被告××网络系统（北京）有限公司在自己的网址开辟网站的内容包括：金融证券、时讯快车、电子商务等和下列服务型的内容：音乐天堂、星座心理问卷等内容。其中音乐天堂栏目，作为该公司流行音乐的信息平台，除发布一些娱乐新闻、歌星档案外，为方便发烧友，还收集一些国内外歌曲的网址。网友通过该网站栏目聆听或下载MP3歌曲，其中包括原告××（香港）有限公司制作的录音制品《对不起，我爱谁》、《Happy 2000》（演唱者：黎明）。原告××（香港）有限公司认为被告××网络系统（北京）有限公司的上述行为侵犯了其合法权益，于1999年11月诉至法院。本案在审理中，在法院主持下双方自愿达成如下调解协议：

1. 被告××网络系统(北京)有限公司在 www.××.com.cn 网站上建立了"音乐情缘"栏目，搜集了互联网上载有 MP3 歌曲的众多网站，对该等网站所载 MP3 歌曲的资料进行整理后，在"音乐情缘"的栏目内列出了经编排的有关 MP3 歌曲的链接，同时通过搜索引擎，使用户能无偿聆听或下载这些 MP3 歌曲。这一链接服务行为对原告享有的录音制品邻接权带来不利影响，被告×××网络系统(北京)有限公司同意停止上述链接服务行为(已停止)。

2. 被告××网络系统(北京)有限公司的链接服务行为使用户可以无偿聆听或下载未经权利人授权的歌曲，给其利益造成损害，被告××网络系统(北京)有限公司向原告表示赔礼道歉。

3. 本调解协议生效后，被告××网络系统(北京)有限公司不得再以上述及其他任何方式(包含以链接方式)，未经原告授权，使用原告拥有著作权邻接权的歌曲。如有类似非法使用，以每首歌 10 万元(人民币)作为赔偿。

4. 本调解协议生效后 10 日内，被告××网络系统(北京)有限公司向原告支付已发生的诉讼费、公证费、律师费、见证费及赔偿费共 87 500 元人民币。

5. 本调解生效后，原告不得再以本案事由提起诉讼或提出其他请求。

6. 本调解生效后，双方均可向外公布协议内容，但是当提及对方公司名称时，则应事先通知对方。

案件受理费 1 000 元人民币，由被告××网络系统(北京)有限公司负担(已交纳)。

上述调解协议符合法律规定，本院予以确认。

本调解书经双方当事人签收后，即具有法律效力。

审判长

代理审判员

代理审判员

二○○○年三月十七日

(院印)

书记员

[范文二]

中华人民共和国最高人民法院
民事调解书

（××）知终字第×号

上诉人（原审被告）：温州××胶鞋有限公司，住所地××省××市××乡××村。

法定代表人：鲁××，该公司董事长。

委托代理人：张××，上海市××律师事务所律师。

委托代理人：张××，上海市××律师事务所律师。

被上诉人（原审原告）：江苏××集团公司，住所地江苏省×××市××镇××路。

法定代表人：朱××，该公司董事长兼总经理。

委托代理人：党××，北京市××律师事务所律师。

委托代理人：汪××，北京市××律师事务所律师。

原审被告：北京××商城有限责任公司，住所地北京市××大街×号楼×号。

法定代表人：许××，该公司董事长。

委托代理人：鲁××，男，31岁，该公司职员，住北京市××区××胡同×号。

上诉人温州××胶鞋有限公司（以下简称温州××公司）因与被上诉人江苏××集团公司（以下简称江苏××公司）、原审被告北京×××××商城有限责任公司（以下简称北京××公司）侵犯商标权、不正当竞争纠纷一案，不服北京市高级人民法院（1999）高知初字第73号民事判决，向本院提起上诉。本院依法组成合议庭审理了本案，现已审理终结。

经审理查明：江苏××公司于1990年12月由张家港市××橡胶总厂更名为张家港市××橡胶总厂，1992年5月又更名为江苏××鞋业集团，同年11月最终更名为江苏××集团公司。该公司于1997年向国家商标局申请并获得“贝贝”文字的第1058352号、字母“B”变形图形的第1122724号、字母“B”重叠图形的第1058688号注册商标，核定使用商品均为国际分类第25类。该公司自生产各类胶鞋以来，其产品市场覆盖全国大多数省市和地区，在消费者中已有较高的信誉和知名度。江苏××公司提交法庭的长安公证处出具的（99）长证内经字第2375号和第2430号公证书载明：江苏××公司的代理人于1999年9月24日和10月19日在北京有关商场购买了“温州××公司生产的标有‘××公司’字样的体操鞋”。经公证购买的这些产品的包装盒上的装潢的颜色、图案与江苏××公司的产品包装盒上的装潢近似，并标有“××胶鞋公司”字样。江苏××公司曾另案起诉北京市××区××商场、北京市××百货商场等被告。在该案中，江苏××公司与该二商场达成的调解协议书载明：该二商场曾“销售温州××公司生产的侵犯江苏××公司商标权的胶鞋”。

温州××公司原名为瑞安市××胶鞋厂，成立于1996年5月，经营方式和范围是制造橡胶鞋。1998年10月，该厂企业名称变更为温州××胶鞋有限公司，其经营方式和范围是制造、销售橡胶鞋。温州××公司在其企业名称变更前后，在其生产、销售的体操鞋包装上使用了“××”字样的商标。温州××公司在其产品上还标有“优质产品”标记，但温州××公司的产品只有1999年5月7日×× ××省瑞安市技术监督局颁发的“产品质量检验合格证”，并无“优质产品”认证书。

北京××公司系北京××市场的承办者，其对北京××市场的经营采取场地出租形式，即将市场内场地分别出租给个体商贩，以收取管理费。

原审法院在审理期间，根据江苏××公司的诉讼保全申请，于1999年10月裁定冻结温州××公司银行存款200万元。由于温州××公司银行存款不足，原审法院又根据江苏××公司的请求，于1999年11月6日裁定查封温州××公司价值200万元的财产。因该公司财产有限，实际查封财产不足200万元。同时，还查封、扣押了温州××公司1998年和1999年度与被控侵权产品有关的财务账册一本，但该账册记账不规范。江苏××公司就其请求的赔偿数额向原审法院提交了计算依据，温州××公司对此有异议，但未请求审计。

原审法院经审理认为：江苏××公司享有“××”注册商标的专用权。该注册商标在江苏省以至全国均有较大影响，有一定的知名度，已为相关公众所知悉。温州××公司在其生产的体操鞋上未规范使用其企业名称，而且在产品包装装潢上除使用了与江苏××公司的“××”注册商标近似的商标外，其产品包装装潢的图案、颜色与江苏××公司产品包装装潢亦近似。上述行为不仅侵犯了江苏××公司的商标专用权，且对江苏××公司已构成不正当竞争。北京××公司承办的北京××市场作为商家，有义务对其商品的进货渠道、所售商品的合法性进行审查，其明知温州××公司的产品及包装未正确使用其企业名称、未标明产地，也未附产品合格证书，明显不符合有关法律、法规的要求，却进行销售，其行为侵犯了江苏××公司的注册商标专用权。北京××公司与北京××市场内的商贩为场地租赁关系，其对商贩在市场内是否合法经营负有监管责任。北京××公司作为北京××市场的主办单位，依法应对北京××市场的行为承担责任。鉴于温州××公司、北京××公司对江苏××公司向法院提交的赔偿数额计算依据均未提出审计请求，亦未向法院提供其非法获利情况，因此，本案损失赔偿额根据温州××公司的生产规模、侵权产品的市场占有情况、北京××公司销售侵权产品的数量以及温州××公司和北京××公司的侵权行为对江苏××公司的商誉损害程度酌定。原审法院据此判决：一、温州××公司、北京××公司立即停止生产、销售侵权产品的行为；二、温州××公司赔偿江苏××公司经济损失30万元、北京××公司赔偿江苏××公司经济损失2万元(于本判决生效之日起15日内一次付清)；三、温州××公司、北京××公司于本判决生效之日起30日内在全国发行的报刊上公开向江苏××公司赔礼道歉；四、驳回江苏××公司其他诉讼请求。案件受理费30 010元，由江苏××公司负担22 090元(已交纳)，由温州××公司负担7 010元(于本判决生效后7日内交纳)，由北京××公司负担810元(于本判决生效后7日内交纳)；诉讼保全费20 100元，由温州××公司负担(于本判决生效后7日内交纳)。

温州××公司不服一审判决，向本院上诉称：原判认定事实不清，证据不足，适用法律错误。上诉人从未生产、销售过注册商标为"××"或与之相近似的产品，被上诉人无证据证明其所诉侵权产品系上诉人生产和在北京地区销售；上诉人生产的胶鞋包装装潢上单纯使用了经依法登记注册的企业名称，没有商标标识；上诉人生产的是儿童鞋，拥有质量检验部门颁发的合格证，不存在"粗制滥造、以次充好"的问题。被上诉人无证据证明其产品覆盖全国大多数省市和地区，其注册商标也只是普通商标，不具有较高的信誉和知名度。综上，上诉人并未对被上诉人实施过商标侵权及不正当竞争行为，请求撤销原审判决第一、二、三项。被上诉人未提交书面答辩状，在庭审过程中称：有关公证书和调解协议书以及被控侵权产品实物等能够证明该产品系上诉人生产；上诉人变更企业名称系规避法律的行为。请求维持原判。原审被告北京××公司未陈述意见。

本案在二审审理过程中，经本院主持调解，三方当事人自愿达成如下协议：

一、温州××胶鞋有限公司补偿江苏××集团公司经济损失6万元(该款项在本协议签字时交最高人民法院民事审判第三庭，在签收调解书时交付江苏××集团公司)。

二、北京××商城有限责任公司赔偿江苏××集团公司经济损失14 000元(该款项已执行完毕)。

三、江苏××集团公司放弃其他诉讼请求。

一审案件受理费30 010元、诉讼保全费20 100元，计50 110元，由江苏××集团公司负担22 190元、温州××胶鞋有限公司负担27 110元、北京××商城有限责任公司负担810元；二审案件受理费30 010元，由温州××胶鞋有限公司负担。

上述协议，符合有关法律规定，本院予以确认。

本调解书经各方当事人签收后，即具有法律效力。

审判长
代理审判员
代理审判员
二〇〇一年一月二十日
（院印）
书记员

［评析］民事调解书相对民事判决书而言，比较简单，因为其主要体现的是双方的合意，法院仅需审查是否是双方的合意，是否符合法律规定。因此，民事调解书无需进行详细的分析与论证说理，仅需对双方达成的一致意见进行确认即可，对一审和二审民事调解书而言，二审调解书需要对一审的情况及上诉情况进行描述，但二者没有多大的实质性差别。

第三节　民事裁定书

一、民事裁定书的概念

民事裁定书，是指人民法院在审理民事案件和民事判决执行过程中，为保障诉讼的顺利进行，就程序问题所作出的处理决定书。民事裁定只解决程序问题，不解决实体问题。

二、民事裁定书的格式

民事裁定书的制作内容较为简单，由首部、正文和尾部组成。

三、范文

海南省高级人民法院
民事裁定书

（××）琼民一终字第×号

上诉人（原审被告）：申××，男，1974 年 4 月 15 日出生，汉族，现住三亚市××路 A 现代城××楼××房。

委托代理人：张××，男，36 岁，自由职业者，现住三亚市××路 A 现代城××楼××房。

上诉人(原审原告):海南A实业投资有限公司,住所地海口市海甸岛×××东路福海城大厦一楼。

法定代表人:庄××,总经理。

委托代理人:谭××,公司职员。

委托代理人:谢××,海南××律师事务所律师。

被上诉人(原审第三人):任××,男,32岁,现住黑龙江省××市胜利派出所1委119组胜利街××号。

被上诉人(原审第三人):潘××,女,29岁,现住黑龙江省××市让胡路区西槐路××号××门××室。

被上诉人(原审第三人):潘××,女,31岁,现住黑龙江省××市让胡路区中央大街××号××门××房。

被上诉人(原审第三人):苏××,男,33岁,现住黑龙江省××市让胡路区东湖小区××号××门××房。

被上诉人(原审第三人):韩××,女,31岁,现住黑龙江省××市萨尔图区卡尔加里××号××门××房。

被上诉人(原审第三人):韩××,女,30岁,现住黑龙江省××市让胡路区西槐路××号××门××房。

上述6位被上诉人(原审第三人)的委托代理人:张××,男,36岁,自由职业者,现住三亚市××路A现代城××号××门××房。

被上诉人(原审第三人):许××,女,1984年10月25日出生,现住辽宁省××市双塔区站×××委×组×号竹林路四段××号。

委托代理人:刘××,女,1969年2月15日出生,现住辽宁省××市双塔区前进街十五委。

被上诉人(原审第三人):王××,女,32岁,现住黑龙江省××市太平川镇二排五组。

委托代理人:李××,男,创意广告公司职员,现住三亚市××路A现代城××房。

上诉人申××、海南A实业投资有限公司(以下简称A公司)因商品房预定合同纠纷一案,不服三亚市中级人民法院(2003)三亚民一初字第11号民事判决,向本院提起上诉。本院依法组成合议庭于2003年12月18日公开开庭审理了本案。上诉人申清东及委托代理人张××,上诉人A公司法定代表人庄××及委托代理人谭××、谢××,被上诉人任××等8人的委托代理人张××、刘××、李××到庭参加诉讼。

本院认为，原审判决认定事实不清，违反法定程序，可能影响案件正确判决。依照《中华人民共和国民事诉讼法》第一百五十三条第一款第（三）项、第（四）项的规定，裁定如下：

一、撤销三亚市中级人民法院（2003）三亚民一初字第11号民事判决；

二、发回三亚市中级人民法院重审。

审判长

审判员

审判员

二〇〇四年一月八日

（院印）

书记员

【本章小结】

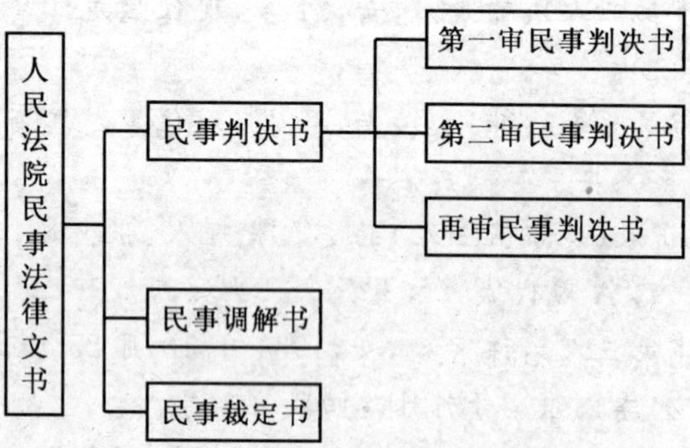

【本章练习】

根据下列材料拟写一份第一审民事判决书

因继承纠纷，胡×诉被告胡×，原告在诉状中写道：根据我国继承法的规定，男女继承权利平等，自己与被告同为第一顺序继承人，都有权继承父母的遗产。自己与被告对父亲生前死后所尽的义务大体相当，根据权利与义务一致的原则，继承的权利应当是平等的。因此要求与被告共同等额继承父母遗产四间新瓦房，各得两间。1999年10月15日，A省B县人民法院受理了该案，王×担任审判长，李×、朱×担任审判员，1999年11月15日开庭审理了该案，双方均到庭参加了审判。

被告在法庭上表示：在我们乡下向来是儿子继承父母的遗产，出嫁的女子不能继承父母的遗产,这是几千年老规矩,不能改变。请法院驳回原告的诉讼请求。此外,被告没有提出书面答辩意见和其他意见。

法院查明的主要事实有以下几点:

一、原告胡×与被告胡×系兄妹关系。被告胡×系原告胡×之兄,1960年10月5日出生,A省B县人,汉族,住B县C乡东沟村,现在本乡工厂当工人。1967—1973年在红寨村上小学,1973—1976年在C乡中学上初中。初中毕业后在红寨村务农,1989年进C乡工厂当工人至今。原告胡×,1964年11月6日出生,A省B县人,汉族,住B县C乡东沟村,现在C乡百货商店当售货员。1971—1977年在红寨村上小学,1977—1980年在C乡中学上初中。初中毕业后在红寨村务农,1984年到C乡百货商店当售货员至今。

二、胡×与胡×由父亲胡××、母亲赵××抚养成人。分别于1984年、1986年成家。结婚后,胡×住在西沟村丈夫家,胡×住在东沟村妻子家,均与父母分开生活。父母仍住在红寨村靠种菜收入维持生活,从不接受子女在经济上的资助。胡××、赵××原住四间旧式瓦房,1998年胡××、赵××用多年积蓄下来的钱,将四间旧式瓦房翻建成四间新瓦房,室内装修也比较讲究,花去2万元。新瓦房由胡××、赵××居住。

三、1999年2月,赵××病故,为赵××办理后事所花款项全部由胡××支付,胡×与胡×均未花钱。1999年6月胡××突发心脏病住院治疗,胡×与胡×轮流到县医院护理,尽了子女孝敬父亲的义务。胡××住院两个多月,住院费、治疗费、医药费共花去3万元,几乎用尽了胡××的全部存款。胡××去世后,胡×与胡×共同负责办理丧事,所花丧葬费由双方平均负担。

四、胡××去世不久,胡×及其家人突然搬回家居住,独占了胡××、赵××遗留下来的四间新瓦房。胡×对胡×独占遗产的行为提出了批评,并要求与胡×共同等额继承父母遗产四间新瓦房,各得两间。为了照顾兄长,父母家中的衣物归胡×继承,原告自愿放弃衣物的继承权利。不料遭到了胡×的断然拒绝,因此,胡×提起了诉讼。

五、胡×提出三份证据材料:1.C乡红寨村村长王×证明材;2.C乡红寨村张×证明材料一份;3.原被告姑母胡××(住D村)证言一份。该三份证据法院经查证属实。

第七章 人民法院的行政法律文书

知识目标

- 了解人民法院的行政法律文书的概念及分类。
- 理解人民法院的行政判决书的制作要求。
- 掌握行政判决书的制作。

技能目标

- 能够理解人民法院的行政判决书制作要求。
- 能够独立进行行政判决书的制作。

引言

本章是关于人民法院行政法律文书的具体介绍。学习本章要注意了解法院的行政法律文书的内容和写作格式。本章的重点是行政判决书。在学习方法上,要广泛阅读行政法律文书,分析其中的优点与不足之处,在此基础上应多写多练,达到能独立写作的要求。

第一节 概 述

一、行政法律文书的概念

行政法律文书,是指人民法院在行政诉讼中,为解决行政机关的具体行政行为引起的行政争议,就案件的实体问题和程序问题依法制作的具有法律效力的文书。

二、行政法律文书的分类

1. 行政法律文书,按照裁判案件的方式不同可分为:行政判决书、行政裁定书、行政赔偿调解书。

2. 行政法律文书，按照审判程序的不同可分为：第一审行政判决书、第二审行政判决书、再审行政判决书及相对应的裁定书。

三、行政法律文书的格式

（一）首部

（二）事实

1. 行政诉讼举证的特点：
   - 举证责任倒置
   - 诉讼过程中，被告不得自行取证
   - 人民法院依职权取证

2. 写清被告所作出的具体行政行为（原告不服具体行政行为的）。

3. 法院认定的事实：
   - 不服行政处罚的
   - 不作为的
   - 行政机关违法的

（三）理由（规章的问题、地方法规的问题）

（四）结果：
- 维持具体行政行为
- 撤销具体行政行为
- 要求重新作出的
- 限期履行的
- 变更具体行政行为的

（五）尾部

第二节　行政法律文书

一、第一审行政判决书

广东省深圳市罗湖区人民法院
行政判决书

（××）深罗法行初字第××号

原告黄××（又名黄××），男，1949 年 9 月 15 日出生，现住广东省××市××镇×村。

委托代理人黄××，广东××律师事务所律师。

被告深圳市××管理局。地址深圳市××路。

法定代表人聂××，局长。

委托代理人高××，深圳市××管理局注册分局干部。

原告黄××起诉被告深圳市××管理局要求确认弄虚作假行政行为及赔偿一案，本院于2002年3月22日受理后，依法组成合议庭于4月26日公开进行了审理。原告黄××及其委托代理人黄××和被告深圳市××管理局委托代理人高××到庭参加诉讼，本案现已审理终结。

原告诉讼请求：确认被告审批深圳市××贸易有限公司注册登记事宜有弄虚作假的非法行政行为，并赔偿经济损失人民币59 796元及利息人民币57 466元。被告承担诉讼费。

原告诉称，原告1995年12月23日曾与深圳市××贸易有限公司有业务往来，经结算该公司欠原告货款53 210元，1997年12月5日经深圳市××区人民法院判决。但深圳市××贸易有限公司在诉讼过程中不翼而飞。原告认为，被告审批深圳市××贸易有限公司注册登记时，没有深入调查研究，没有认真审查注册登记事项的真实性，就批准成立发给营业执照，显然是弄虚作假的非法行政行为，事后才于1998年11月4日吊销其营业执照。被告的行为给原告造成了经济损失应承担赔偿责任。

被告辩称，深圳市××贸易有限公司成立于1995年12月11日，该公司成立时向我局提交了以下文件：1. 公司董事长签署的设立登记申请书；2. 公司章程；3. 股东身份证明；4. 委派公司董事、监事、经理及载明其姓名、住所的文件；5. 验资报告；6. 企业名称预先核准通知书；7. 公司住所证明；8. 法定代表人任职文件和身份证明。我局给予其核准登记，完全是依法行政，符合法定程序。1998年11月4日，我局根据公司登记管理条例的规定，吊销了不按照规定进行年审的深圳市××贸易有限公司的营业执照。我局承担公司的设立、变更、注销登记，国家法律、法规并未要求登记管理部门对当事人提交的文件真实性进行审查，国家工商行政管理总局亦对此做了专门规定。

原告向本院提交的有关证据：1. 深圳市××区人民法院民事判决、裁定书；2. 深圳市××贸易有限公司的注册登记资料（包括验资报告书、出资明细表、身份证证明、法定代表人履历表）；3. 深圳市新公司定期检查表及证明；4. 深圳市××贸易有限公司欠原告货款的欠条。

被告向本院提交的有关证据：1. 深圳市××贸易有限公司申请成立公司登记的有关资料；2. 国家工商行政管理局文件；3. 深圳市××贸易有限公司吊销登记的资料。

原、被告向本院提交的证据经庭审质证，原告提供的证据4与本案无关联，该证据不能作为本案证据使用。双方提供其他证据的取得和收集方法合法，符合证据的性质要求,可以作为本案证据使用。

本院根据以上有效的证据确认以下事实:1. 1995 年 12 月 11 日,深圳市××贸易有限公司经被告依法核准登记成立。2. 深圳市××贸易有限公司未依法年检,于 1998 年 11 月 4 日被被告吊销其营业执照。3. 深圳市××贸易有限公司成立期间,原告与该公司有业务往来,发生纠纷后,经深圳市××区人民法院判决,深圳市××贸易有限公司应归还原告货款人民币 53 210 元。4. 原告无证据证明被告审批深圳市××贸易有限公司注册登记事宜有弄虚作假的非法行政行为。

本院认为,公司的设立、变更、注销登记等行政职权,是法律赋予被告的职责。深圳市××贸易有限公司按规定提交了有关设立登记的材料后,被告核准予以登记。该公司未按法律规定进行年检时,被告又吊销其营业执照。这一设立、注销登记的行政行为被告均依职权进行。对于被告审批深圳市××贸易有限公司注册登记事宜有弄虚作假的非法行政行为,原告并无证据支持。至于申请人申请设立公司时所提交的材料虚假,被告是否承担相应责任的问题,对此,国家工商行政管理局工商企字(2001)第六十七号文件作了规定,即"申请人提交的申请材料和证明文件是否真实的责任应由申请人承担。登记主管机关的责任是对申请人提交的有关申请材料和证明文件是否齐全,以及申请材料和证明文件及其所记载的事项是否符合有关登记管理法律法规的规定进行审查。因申请材料和证明文件不真实所引起的后果,登记主管机关不承担相应的责任。"原告以深圳市××贸易有限公司申请登记时提交的材料虚假为由,要求被告承担深圳市××贸易有限公司与其之间的债务理由不成立。其请求确认被告审批深圳市××贸易有限公司注册登记事宜有弄虚作假的非法行政行为,并赔偿经济损失,应予以驳回。依据最高人民法院《关于执行〈中华人民共和国行政诉讼法〉若干问题的解释》第五十六条第(四)项的规定,判决如下:

驳回原告黄××的诉讼请求。

本案诉讼费人民币 100 元由原告黄××负担。

如不服本判决,可在接到本判决书之日起十五日内向本院提交上诉状,并按对方当事人的人数提出副本,上诉于深圳市中级人民法院。

审判长

审判员

审判员

二〇〇二年四月二十六日

(院印)

书记员

二、第二审行政判决书

广东省惠州市中级人民法院
行政判决书

（××）惠中法行终字第××号

上诉人（原审原告）：吴××，男，30岁，汉族，住址：××大学××宿舍区教学楼。

被上诉人（原审被告）××市交通局（原××市交通委员会）。

法定代表人：朱××，局长。

诉讼代理人：江××，广东××律师事务所律师。

上诉人吴××因交通行政行为及申请行政赔偿一案，不服××区人民法院(2002)惠城法行初重字第13号行政判决，向本院提起上诉。本院依法组成合议庭审理了本案，现已审理终结。

原审判决认为，被告××市交通局在2001年5月27日晚上8时左右，在执行打击摩托车非法营运载客行动中，原告吴××因有非法营运载客嫌疑行为，作出《××市交通行政处罚通知书》和暂扣摩托车的具体行政行为，是为保障行政处罚实现的一种措施，以防逃避处罚。被告作出的《××市交通行政处罚通知书》和暂扣非法营运载客摩托车的具体行政行为措施是依照国务院[国办法(2000)74号文件]第二条第二项之规定："省级人民政府要组织交通、建设、公安、工商部门强化道路客货运输市场的监督和管理。开展打击非法营运的专项治理行动。整顿道路客货运输秩序，对于未按规定领取有关主管部门核发的营运证件和超越核定范围经营的非法营运行为，必须予以取缔，并按国家有关规定进行处罚"。交通部《道路运输行政处罚规定》第八条第（三）项规定：客、货运无道路运输证或使用无效道路运输证擅自从事营业性客、货运输的，没收无效道路运输证，汽车每辆处以500元以上2 000元以下的罚款，其他机动车辆处以100元以下500元以下的罚款，但罚款总额最高不得超过10 000元。××市人民政府惠府(1995)67号《关于加强市区道路交通管理的通告》第二条：禁止二轮摩托车、机动车在市区道路范围内经营旅客运输。第十二条第（二）项；违反第二条规定者，滞留车辆30天以下，并以200元以下罚款。为此被告所作出的行政处罚通知书是有法律依据的，是依法行使部门职能，被告对原告发出《××市交通行政处罚通知书》、暂扣摩托车并无不当，程序合法，应予以确认。原告否认非法营运载客行为，要求撤销《××市交通行政处罚通知书》及赔偿损失，但无法提供证据，诉清理由不充分，本院不予采纳。依照《中华人民共和国行政诉讼法》第五十四条第(一)项和最高人民法院《关于执行〈中华人民共和国行政诉讼法〉若干问题的解释》第四十五条及最高人民法院《关于审理行政赔偿案件若干问题的规定》第三十三条的规定判决如下：一、维持××市交通局2001年5月27日作出的惠交罚通字JGNO.0022234号《××市交通行政处罚通知书》；二、驳回原告吴××的其他赔偿请求。

上诉人吴××不服一审判决，上诉称：一、被上诉人作出具体行政行为时认定上诉人"非法营运"的事实不清；二、原审判决认定被上诉人作出具体行政行为合法性的证据不足；三、被上诉人作出具体行政行为的程序违法；四、被上诉人的行政侵权行为侵犯了上诉人的合法权益，被上诉人应当依法赔偿。据此，请求二审法院撤销一审判决，支持上诉人的诉讼请求。

被上诉人××市交通局答辩称：一、原审判决认定事实清楚；二、被答辩人提出的行政赔偿要求没有事实和法律依据；三、原审判决所适用的法律、法规正确，程序合法。据此，请求二审法院驳回上诉，维持原判。

经审理查明，2001年5月27日晚上8时左右，上诉人吴××驾驶粤L98087号两轮摩托车，载着一位女士途经格宾酒店红绿灯路口遇红灯停车等候行驶时，被被上诉人与惠城区巡警大队组成的联合执法队拦截查询，联合执法队工作人员分别查问两人，对该女士查问并制作了询问笔录，该女士承认不认识上诉人，上车前双方商定到下埔四季酒店车价为3元钱。据此，被上诉人认定上诉人的行为构成非法营运载客，当即开具了《××市交通行政处罚通知书》，并采取暂扣摩托车的强制措施。上诉人当时表示不服，认为自己不是"搭客仔"而是顺路载人的，因而不接受处理，被上诉人亦未对上诉人的查问制作问话笔录。2001年6月1日，被上诉人向上诉人送达行政处罚决定书，上诉人拒绝在行政处罚决定书上签名，被上诉人未将行政处罚决定书交给上诉人。上诉人不服，于2001年6月14日向原审法院提起行政诉讼。原审法院于2001年7月25日作出(2001)惠城法行初字第13号行政判决，维持被告××市交通委员会交通管理总站于2001年5月27日作出的惠交罚通字JGNO.0022234号《××市交通行政处罚通知书》，并驳回原告吴××的其他赔偿请求。上诉人又不服，向本院提起上诉，本院于2001年11月14日作出(2001)惠中法行终字第44号行政裁定，撤销原审法院(2001)惠城法行初字第13号行政判决，并将本案发回原审法院重审。

以上事实，有庭审笔录和相关材料为证，可以认定。

本院认为，吴××非法营运载客的事实清楚。吴××非法营运载客的事实有乘客的询问笔录为证,可以认定。吴××认为自己不是非法营运载客的主张,未能提供任何证据证实,本院不予采纳。被上诉人对上诉人作出行政处罚,只送达了交通行政处罚通知书,虽制作了交通行政处罚决定书,但因上诉人拒绝签名而没有送达,因此,被上诉人对上诉人作出的行政处罚未成立,对上诉人的权利和义务不产生实际影响,是不可诉的行为。被上诉人向上诉人发出的惠交罚通字 JGNO. 0022234 号《交通行政处罚通知书》不是具体行政行为,只是作出行政处罚决定之前的一个告知程序,原审判决维持交通行政处罚通知书是错误的,应予以纠正,并驳回上诉人对被上诉人作出的惠交罚通字 JGNO. 0022234 号《交通行政处罚通知书》的起诉。被上诉人向上诉人发出暂扣摩托车通知书后依法定程序作出行政处罚决定书,并通知上诉人依照程序办理取车手续,上诉人拒不执行行政处罚及办理取车手续,造成的损失应由其个人承担。据此,对于上诉人要求被上诉人承担赔偿责任的诉讼请求,本院不予支持。原审判决驳回上诉人的赔偿请求是正确的,本院予以维持。根据《人民法院诉讼收费办法》第五条第(六)项第 3 目的规定,上诉人应承担一、二审诉讼费各 100 元。综上所述,上诉人上诉理由不成立,本院不予采纳。依照《中华人民共和国行政诉讼法》第六十一条第(二)项的规定,判决如下:

一、撤销惠城区人民法院(2002)惠城法行初重字第 13 号行政判决第一项判决。

二、维持惠城区人民法院(2002)惠城法行初重字第 13 号行政判决第二项判决。

三、驳回上诉人对被上诉人作出的惠交罚通字 JG NO. 0022234 号《交通行政处罚通知书》的起诉。

本案一、二审诉讼费用各 100 元由上诉人承担。

本判决为终审判决。

审判员

审判员

代理审判员

二〇〇二年四月二十六日

(院印)

书记员

三、再审行政判决书

广东省××市中级人民法院
行政判决书

（××）惠中法审监行再字第××号

原审上诉人（一审原告）：××经济发展股份有限公司（下称××公司）。住所地：××市龙丰科肚××花园×栋×室。

法定代表人：苏××，董事长。

诉讼代理人：陈××，总经理。

原审被上诉人（原审被告）：××市公证处。住所地：××市××大楼。

法定代表人：钟××，主任。

诉讼代理人：江××，广东××律师事务所律师。

××经济发展股份有限公司诉请××市公证处行政赔偿一案，本院于二○○一年十二月二十日作出（2001）惠中法行终字第45号行政赔偿判决，已经发生法律效力。××市公证处不服，提出申诉。本院于二○○二年四月二十三日作出（2002）惠中法行监字第01号行政裁定书，决定本案由本院另行组成合议庭进行再审。本院依法另行组成合议庭审理了本案，现已审理终结。

原二审认为，根据《广东省城镇房地产权登记条例》第八条第（二）项的规定"购买兴建商品房屋，在房屋交付使用时，买方凭房屋买卖合同，申请办理权属登记，领取房产权证"和《广东省公证工作暂行规定》第十三条第一款"公证处的业务范围按《中华人民共和国暂行条例》规定的原则，下列法律行为应办理公证"中第（一）项"不动产的继承、买卖、赠与"的规定及参照××市建设委员会与司法局惠市建字（1992）113号《关于房产登记管理中加强公证的联合通知》第五条"国内公民在我市购买商品房需到当地公证机关办理公证证明，并到当地房产交易所办理手续，尔后到房产局领取产权证明"的规定，可以认定何××办理公证书是取得房产证必经程序。依据该程序，何××持被上诉人颁发的《公证书》和经公证的《商品楼宇买卖合同》等资料在房产部门办理了房产证。因此，造成上诉人房屋权益受损的根本原因是被上诉人违反程序颁发的，已被法院撤销的《公证书》及经公证的《商品楼宇买卖合同》，而非是上诉人与何××签订的《商品房转让协议书》。《商品房转让协议书》的签订只是何××办理更改原公证与原合同，进而达到办理公证的目的的前提。一审判决认定上诉人的损失事实在其与何××签订《商品房转让协议书》时就已发生错误，应予纠正。上诉人认为被上诉人违反程序办理公证造成其房屋权益受损，理由成立，本院予以支持。因被上诉人的公证行为是在司法部2000年8月10日颁发的《关于深化公证改革的方案》实施前作出的，根据该《方案》第四条第（十三）项第二款的规定，被上诉人的公证行为引起的公证赔偿，应依据《中华人民共和国国家赔偿法》有关规定办理。另外，上诉人请求判令被上诉人支付从1997年11月至今的房屋租金共32 800元及其他损失共16 670元，理由不充分，本院不予支持。综上所述，依照《中华人民共和国行政诉讼法》第六十一条第一款第（二）、（三）项和《中华人民共和国国家赔偿法》第二条、第四条第（四）项的规定，判决如下：一、撤销惠城区人民法院（2001）惠城法行初字第09号行政判决。二、判令被上诉人××市公证处赔偿上诉人××经济发展股份有限公司购房款110 580元。三、驳回上诉人××经济发展股份有限公司的其他诉讼请求。一、二审诉讼费共200元，由被上诉人××市公证处负担。终审判决后，××市公证处不服，提出申诉，认为：一、本案中××公司与其员工何××所签订的《商品房转让协议书》是合法有效的合同，并且何××已按合同履行付款义务，××公司无损失可言。二、合同公证不是领取房产证生效的必经程序，二审判决适用法律不当。退一步讲，即使如二审判决所认定的，公证是领取房产证的必经程序，那么本案中的错误公证行为也只是导致何××房产证无效，而没有给××公司造成任何直接或间接损失。综上所述，原二审判决在认定事实及适用法律上均有不当之处，为此，请求人民法院依照审判监督程序，撤销××中院（2001）惠中法行终字第045号行政判决书。

经再审查明：1992年7月6日，原审上诉人出资110 580元，向××市惠隆房产公司劳动开发处（下称惠隆公司劳动开发处）购买了位于××市龙丰科肚××花园第×栋×房，双方签订《商品楼宇买卖合同书》后，一起到原审被上诉人处办理公证。同日，原审被上诉人对《商品楼宇买卖合同书》进行了公证，并为原审上诉人颁发了（1992）惠市证民字第2205号《公证书》。1997年11月，原审上诉人的员工何××持有原审上诉人盖章及其法定代表人签名的《商品房转让协议书》、营业执照到原审被上诉人处申请办理公证。原审被上诉人的工作人员未另制作公证书，而是把原（1992）惠市证民字第2205号《公证书》和《商品楼宇买卖合同书》中购买方××经济发展股份有限公司涂改为何××后，颁发给了何××。何××持公证处颁发的《公证书》及《商品楼宇买卖合同书》等材料要求惠隆公司劳动开发处为其办理房产证，惠隆公司劳动开发处依其要求为其补填买卖合同范本及交易申请表，并到房产部门申请办理了房产证。××市房产管理局龙丰房管所于2000年1月3日发出（2000）惠市房交字龙005号买卖房屋通告，通告“何××申请出卖××花园

××路×号×栋×房，如对该产权有纠葛者，希于通告之日起十日内，向卖主及我所提出书面意见，逾期即给予办理房屋产权买卖”。该房于2000年1月19日被转让给郑××。原审上诉人于2000年3月向惠城区法院提起民事诉讼，惠城区法院驳回原审上诉人的诉讼请求。原审上诉人不服原审被上诉人的公证行为，向惠城区法院提起行政诉讼，惠城区法院于2000年12月5日作出(2000)惠城法行初字第08号行政判决，认定被上诉人的上述公证行为，违反公证程序，判决撤销原审被上诉人将(1992)惠市证民字第2205号公证书中的商品房购买方××经济发展股份有限公司更改为何××的公证行为。该判决生效后，原审上诉人于2001年3月21日向原审被上诉人提出行政赔偿请求。原审被上诉人在法定期限内未予答复。原审上诉人向惠城区法院提起行政赔偿诉讼。惠城区法院判决驳回原审上诉人的赔偿请求，原审上诉人不服向本院提起上诉。

以上事实有相关书证为证，可以认定。

本院认为，××市公证处提供的《商品房转让协议书》证实，××公司与其员工何××签订《商品房转让协议书》，将该房以房改价24 000元卖给何××。该协议书有××公司的盖章、法定代表人签名，××公司对印章真实性不持异议。虽然××公司法定代表人对签名提出异议，但提供不出充足证据证明《商品房转让协议书》是伪造的，依法应认定《商品房转让协议书》是真实的。××公司与其员工何××签订《商品房转让协议书》，将该房以房改价24 000元卖给何××，尔后，何××离开该司，造成××公司人财两空，实质上是何××违反××公司有关规章制度和劳动相关法律、法规规定。无论该合同是否合法有效，××公司和何××之间是一种劳动纠纷或合同债权债务纠纷，依法应通过民事或其他法律途径解决。该房被出卖，与何××有直接关系，其获取了相应的利益。如果本案由国家承担赔偿责任，将会导致由国家替代债务人偿还债务以及造成债务人获取不当利益的结果，这无论如何不符合国家赔偿法的立法原意。××市公证处的违法行为不能免除民事案件当事人之间原有的债权债务关系中的民事责任。

从因果关系看，该房被办证出卖原因众多，具体表现为：1. ××公司与其员工何××签订《商品房转让协议书》；2. ××市公证处的违法公证行为；3. ××公司替何××补填买卖合同范本与交易申请表及申请办证行为；4. 房产局办理房产证件行为；5. 何××出卖房产行为。认定××市公证处违法行为有直接因果关系，理由并不充分。××公司、何××的行为、惠隆公司补填买卖合同范本及交易申请表及办证行为与损害结果之间的因果关系比××市公证处违法行为更为直接，所起作用更为明显。从过错和责任的承担分析对因果关系可作进一步认定。本案中，

××公司对损害结果有重大过错,体现为:(1)××公司与其员工何××签订《商品房转让协议书》,盖有××公司的印章,××公司并为此提供了营业执照,这为何××办理、出卖房产提供了关键、必要条件。(2)××公司未及时提出异议,导致该房产被出卖。因此,××公司对损害结果有重大过错,应承担相应责任。其行为与损害结果之间的因果联系比××市公证处违法行为更为直接。××市公证处违法行为与该房被办证出卖有因果关系,但不是直接因果关系。由于××公司的诉请缺乏承担国家赔偿责任的基础,即××市公证处违法行为与该房被办证出卖应有直接因果关系。故此,××市公证处不承担国家赔偿责任。原终审判决认为造成××公司房屋权益受损的根本原因是××市公证处违反程序颁发,该认定事实错误,导致适用法律和处理结果错误,应予纠正。另外,××公司要求国家赔偿,依法不得向其收取任何费用,原一、二审收取其200元不妥,应予退回。据此,依照《中华人民共和国国家赔偿法》第三十四条、最高人民法院《关于执行〈中华人民共和国行政诉讼法〉若干问题的解释》第七十八条的规定,判决如下:

一、撤销本院二〇〇一年十二月二十日作出的(2001)惠中法行终字第45号行政赔偿判决。

二、驳回上诉,维持原判。

本判决为终审判决。

审判长

审判员

审判员

二〇〇二年八月二十九日

(院印)

本件与原本核对无异　　书记员

[评析] 上面三篇范文分别是一审、二审、再审行政判决书,行政判决书在结构上和民事判决书的区别不大,但需要注意的是,行政判决书针对的是行政诉讼,有着自身的特点,因此,在阅读上述法律文书时,应对照民事判决书进行比较,这样才能体会出其与民事判决书的区别。

【本章小结】

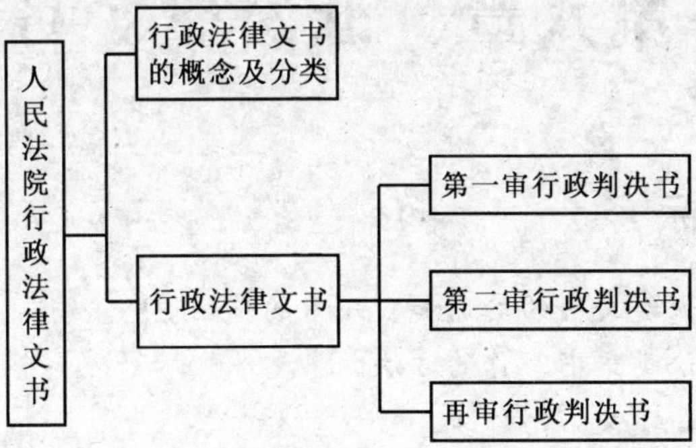

【本章练习】

根据下列材料，制作一份一审行政判决书。

刘×，男，45 岁，汉族，×市×乡×村农民。刘×原使用宅基地一处，面积 0.25 亩，有北房 4 间。20××年×月×日将北房 4 间拆除，准备建 5 间。由于原宅基地使用面积小，刘×多次找村民委员会要求向东扩展 2.5 米。经村民委员会同意，并给刘×向东丈量了 2.5 米，有村民委员会主任张×证明。刘×在施工期间，乡人民政府发现刘×多占宅基地未经批准，即通知刘×停止施工，但刘×不听劝阻，认为向东扩展 2.5 米是经村民委员会同意的，继续施工将房建成。乡人民政府认为，刘×未经政府批准，非法使用土地，违反了《中华人民共和国土地管理法》第六十二条规定，对其作出处罚的决定，限刘×15 日内拆除侵占集体土地上的非法建筑，恢复地貌。刘×不服，拟向×省×市人民法院提起行政诉讼，以维护自己的权益。

第八章　诉讼类文书

知识目标

- 了解诉讼类文书的类别和实践中的作用。
- 理解诉讼类文书写作的方法。
- 掌握诉讼类文书写作。

技能目标

- 能够理解诉讼类文书写作的要求。
- 能够独立进行诉讼类文书的写作。

引言

本章是法律文书学中实践性和应用性最强的一章，因为法院、公安机关、检察机关等法律文书一般局限于在特定的部门，但诉讼类法律文书却和我们日常生活息息相关，并且从制作的难度和技巧上来说，也远远难于其他法律文书。因此，无论从哪个角度而言，这章的学习都是法律文书学中的重中之重。在学习上，我们不仅要知道诉讼类文书的结构要求，更重要的是注意诉讼类法律文书内容的制作，而后者并非是看法律文书学教材的理论就能有质的飞跃的，更为重要的是借鉴、学习。因此，我们必须要高度重视阅读优秀的诉讼类文书，进行评析，进而掌握不同的诉讼类文书的写作。

关于诉讼类文书首先需要注意两个问题：

一、诉讼类文书的种类

一般而言，一个诉讼活动一般的程序和涉及的诉讼类文书如下：

起诉（诉状）→答辩（答辩状）→反诉（如果涉及）（反诉状）→ 开庭（如果有代理人）（代理词）→上诉（如果不服）（上诉状）→开庭（如果有代理人）（代理词）→申诉（如果不服）（申诉状）。

二、诉讼类文书的范围

诉讼的类型有：民事诉讼、刑事诉讼、行政诉讼。所以涉及上述种类的诉讼文书，每一个种类又包括民事诉讼类诉讼文书、刑事诉讼类诉讼文书、行政诉讼类诉讼文书。

第一节　起　诉　状

第一部分　民　事　诉　状

民事诉状是法律文书写作中最常见的一种法律文书，也是最有可能和我们的生活、工作相联系的一种法律文书。学习民事诉状的写法，首先必须掌握民事诉状的结构，一般而言，民事诉状的结构如下（在实际制作民事诉状中证据及证据来源，证人姓名及住址有时候可以不写）：

民事诉状

原告：

被告：

诉讼请求

……

事实与理由

……

证据及证据来源，证人姓名及住址

……

此致

××人民法院

附：本诉状副本×份

起诉人：××

××年×月×日

一、当事人的写法

（一）自然人

原告或被告是自然人的时候，首先，必须包括姓名、性别、年龄、住址。尤其是原、被告的姓名，一定要注意准确性，如果写错，会在诉讼过程中带来不必要的麻烦;其次,被告的地址必须尽可能详细、准确,便于人民法院送达民事诉状;此外,为了方便法院和诉讼的双方当事人联系,在实践中制作法律文书时,一般要加上原、被告的联系方式。

例如:

原告:张三,男,40岁,安徽省怀宁县人,住安徽省怀宁县××乡××村25号。

委托代理人:李四,安徽××律师事务所,职务:律师。

(二)单位

原告或被告是单位的时候,一定要写清楚原、被告单位的全称,并且,此称呼必须要和工商行政管理机关登记的全称相一致,此外,还要写清楚单位地址以及法定代表人及其职务。而其他事项如企业性质、开户银行,一般在制作民事诉状的时候可以省略。

原告:

法定代表人: 职务:

地址: 电话:

被告:

法定代表人: 职务:

地址: 电话:

二、诉讼请求

诉讼请求必须满足两个要求:

(一)必须明确

所谓明确是指:第一,对于诉讼请求的性质明确,也即诉讼请求必须明确的表明是确认之诉、变更之诉还是请求之诉;第二,请求之诉的诉讼金额必须具体、明确,切不可出现"左右、上下、约"之类的词语。

(二)必须有法律理由

诉讼请求应该有法律的依据,必须要遵循"以事实为依据,以法律为准绳"的原则,而不能主观臆断。

在实践中,书写诉讼请求的常见问题一般有:①诉讼请求不清(对诉的性质没有理解);②诉讼请求不明确;③诉讼请求不合理。例如,要求对方支付律师费等(如果没有特殊约定,一般不支持该诉讼请求)。

三、事实与理由(民事诉状的核心问题)

1.写作时的详略问题,一般而言,民事诉状的事实和理由不需要特别详细,一般只需要把基本的事实和基本的法律理由叙述清楚即可。

2.事实的写作应注意以事实为根据,并且,该等事实应该是有必要的证据支持的事实。

3.法律的阐述不可欠缺，行文上一般先叙述事实后阐述理由，但在理由的阐述方面，无须展开分析。

此外，整个事实和理由中，人称的写法要注意一致性。诉状的人称表述有两种方式：第一，以第三人称来表述，那么诉状中涉及当事人时应该表述为：原告、被告、第三人；第二，以第一人称来表述，那么诉状中涉及当事人时应该表述为：本人、我、我单位。需要注意的是：诉状中人称的表述需要一致，不能在诉状中部分以第一人称来表达，部分以第三人称来表达。

四、证据的表述

民事诉状要"以事实为依据，以法律为准绳"，而这里所指的事实是必须要有证据支持的事实，因此，在诉状中描述具体事实的时候，最好阐述支持这一事实的证据。在写作上，对证据的描述，有两种方式：第一，边阐述事实边罗列证据支持，在描述事实后指出哪些证据证明该事实；第二，写完事实与理由后在诉状后罗列证据及证据来源，证人姓名及住址。一般而言，第一种方式逻辑更清晰，在实务中也更多采用这种表述方式。

五、范文评析

提示：对民事诉状进行阅读、评析，需要大家领会法律文书范文的优点、缺点以及不足，进而掌握具体的写作技巧，在制作民事诉状中运用。

[范文一]

民事诉状

原告：李某，男，××年×月×日生，汉族，农民，住××县××镇××组，电话：××××

被告：湖南省××房地产开发有限公司，地址：长沙市××路××号，电话：××××

诉讼请求：

1.判令被告双倍返还购房（成约）定金4万元整。

2.判令被告承担本案原告律师费4 000元整。

事实与理由：

2002年9月30日，原、被告双方签订了"××花园商品房认购书（以下简称认购书）"，约定双方在十日内签署正式购房合同，被告同时收取了原告定金2万元整。当原告依约去签署合同时发现，被告尚未取得建筑工程规划许可证、施工许可证和商品房预售许可证，不符合预售商品房的法定要求，因此不同意违法签订购房合同，要求被告在办好相关证件后签约。被告直至2003年5月16日才办齐上述许可证，而此时，被告却以房价已上涨为由拒绝签订合同，并不同意退还原告的定金。

原告认为，双方签订的认购书具有法律效力，原告所交2万元是“成约定金”，因被告的原因导致主合同不能成立，当然由被告承担违约责任，依法应双倍返还定金。

此案因被告违反民法的“诚信”原则，利用优势地位坑害消费者所致，为保护消费者依法维权的积极性，为更好地维护和发扬“诚信”的社会风尚，应当保护消费者的维权成本，所以请求判令被告承担原告的律师费。

此致

长沙市××区人民法院

具状人（原告）：李某

××年×月×日

[评析] 这篇民事诉状格式正确，语言简洁。但诉状的两点不足是：第一，缺乏证据的表述。第二，引用民法的“诚信”原则不适当，应该引用具体的法条，而不应该引用抽象的民法原则，因为抽象的民法原则不应作为具体诉讼的法律依据，也不能作为判决的理由之一。此外，律师费作为诉讼请求在该案中也是不适合的。因为目前我国的司法实践中尚不支持该类的诉讼请求。

[范文二]

民事诉状

原告：××（集团）公司

住址：北京市海淀区××路××号

法定代表人：×× 职务：公司总裁

电话：010-××××

传真：010-××××

邮编：××××

被告：××信息服务公司

住址：四川省××市××街××号

电话：0831-××××

传真：0831-××××

邮编：××××

案由：互联网主页侵权

事实与理由：

原告属下的“××在线”是经国家工商局和信息产业部批准，专门从事计算机信息网络国际联网业务的机构，1996年11月开展经营活动，经营的业务是信息服务。1997年，原告根据本公司的业务特点，经过广泛论证并聘请企业形象策划设计专家参与研究讨论，建立了体现××在线企业形象和业务的××在线主页(见证据一)。经过两年多来设计技巧的不断完善和信息内容的不断扩展，极为符合传播学原理的××在线首页深受客户喜爱。目前，每日吸引着数以万计的国内外客户浏览访问。

1998年12月上旬，原告街道公司内部员工和部分客户反映，称在因特网上发现了与原告××在线首页基本相同的被告的首页，并询问其原因。原告对此进行了调查，发现员工和客户反映的情况属实。经原告将被告的首页和原告的1998年9月的首页进行比较，发现被告(网页上简称××信息服务公司)的首页基本上抄袭了原告的首页，其整体版式、色彩、图案、栏目设置、栏目标题、文案、下拉菜单的运用等完全照搬原告，有10个图案，14个栏目标题及9处文案原封不动的取自原告××在线的首页(见证据二)。

原告认为，作为新兴的“第四媒体”，因特网上的首页如同杂志的封面和报纸的头版一样，是信息站点整体结构的反映，是信息内容的重要索引，并通过视觉感塑造一个信息企业的形象，通过独家栏目向国内外客户提供信息服务，对吸引主页设计制作客户，吸引网络广告主客户和网上购物客户，具有多方面的示范功能和极大的经济价值。原告之××在线为制作本首页，投入了巨大的人力和物力。如原告之××在线自行研究开发的“看中国”搜索引擎，投入博士学历的专业人士，配置专用服务器，经过一年多时间，开发出了包含百万条信息的数据库，并在原告的首页上发布。而被告首页照抄了“看中国”搜索引擎的图标及文案，实际的连接指向却不是“看中国”的搜索引擎，误导了客户，给原告的研究成果造成严重的知识产权侵害。

被告首页照抄了原告首页，包括整体板式、色彩、图案、文案，使客户对原告之××在线的企业形象产生歧义，把经营范围和经营实力不一样的两个企业等同起来，对原告造成直接的非经济损失。同时被告首页照抄了原告首页，包括栏目设置，栏目标题，而实际的连接指向并不一致，影响了原告独家栏目的声誉和访问率(等同于电视媒体的收视率)，导致首页广告客户的流失，对原告造成直接的经济损失。经过两年多的不断修订改正，已日臻完善，原告对本网页享有受法律保护的著作权和知识产权。而被告未经原告授权，擅自照抄，变造原告××在线的首页，其行为严重地侵犯了原告的合法权益,损害了企业形象和经营活动,给原告造成重大的经济和非经济损失,显然属于不正当竞争行为。

诉讼要求:

1. 立即停止侵害,在国内外信息网和国内有关新闻媒体上向原告赔礼道歉。

2. 赔偿原告制作首页费用,经营损失,名誉权损失 199 900 元。

3. 本案的诉讼费和其他诉讼费用由被告承担。

呈:北京市海淀区人民法院

××(集团)公司

1998 年 1 月 8 日

[评析] 这篇民事诉状的事实和法律理由的阐述较为充分、详实。但被告的法定代表人及职务均没有介绍。此外,诉讼请求放在结尾这种结构安排也是不符合民事诉状的格式要求的。

[范文三]

民 事 诉 状

原告:顾先生,男

工作单位:××

联系地址:××

邮政编码:××

被告:上海××实业有限公司

单位地址:××

邮政编码:××

被告:××株式会社

地址:××

上海事务所联系地址:××

邮政编码:××

诉讼请求:

一、判令原告退回所购××34N9UXC 彩色电视机一台,第一被告退还原告购货款人民币壹万陆仟壹佰元(RMB 16 100.00 元);

二、判令第二被告赔偿原告损失人民币壹万陆仟壹佰元(RMB 16 100.00 元);

三、判令两被告赔偿原告该彩电运输费人民币壹佰伍拾元(RMB 150.00 元);

四、被告承担全部诉讼费用。

事实和理由：

原告于1999年10月10日在上海某商厦内的上海××实业有限公司(以下简称“第一被告”)购得34寸××34N9UXC彩色电视机一台，价格为人民币16 100元(见证据一)。该机为××株式会社(以下简称“第二被告”)在中国市场新近推出的日本原装机，据产品说明介绍，该彩电采用了“平面超级晶丽显像管，能使屏幕每一部分的光亮度和细腻度都平均一致，该机具有数码100DFS防闪烁功能，能达到两倍于常规电视所形成的图像，使画面更加细腻，而且大大抑制了水平方向的行闪烁，从而获得清晰、高密度且无闪烁的图像”，该机还具有“数码图像抑噪系统，能有效地降低图像杂波，从而能使图像质量得到改善”(见证据二)。第一被告在原告购机时极力推荐该产品，称其是目前市场上质量最好的大屏幕数码彩电。在购买时，由于商场有线电视信号较弱，彩电电视图像不清晰，被告当时声称：在购买商品两周内，产品如有质量问题，可予以调换。原告出于对××原装彩电的信任购买了一台。可是，原告在购买后当天晚上使用时，却发现该机标准图像扭曲，颜色对比度失真，与该产品使用说明书中所注明的该机上述特点不相符。原告在第二天即要求第一被告予以调换，当时第一被告只派出两名普通员工上门进行检测，但不承认该机具有质量问题，拒不调换。后原告与负责××产品中国地区经销的××香港有限公司上海事务所取得联系后，由××专业检测人员检测后证实该彩电确实存在标准图像扭曲质量问题(见证据三)。

原告放下手中繁忙的工作，来回奔波数月交涉未果。在此期间，原告还发现市场上该型号××彩电存在据第一被告所称的均有不同程度的标准图像扭曲等问题。因此，原告不能不认为第二被告投放中国市场的该型号彩电质量存在瑕疵，与第二被告对该产品的推广宣传存在一定差距。现原告根据我国《产品质量法》、《中华人民共和国消费者权益保护法》、《上海市保护消费者合法权益条例》的各相关规定，诉请法院依法支持原告上述诉讼请求，以维护原告作为消费者的合法权益，并且督促生产商及销售商把好质量关，做到产品质量与商品说明、市场宣传相符，让消费者满意、放心。

此致

上海市××区人民法院

起诉人：顾××

××年×月×日

附：

1. 本诉状副本二份。

2. 证据三份。

[评析] 这篇法律文书格式正确，诉讼请求明确合理，结构完整，尤其是诉状中将证据罗列附后，具有很强的说服性。此外，民事诉状的结尾引用法条部分不够准确，应明确到引用的具体法条。

[范文四]

民事诉状

原告：××，女，50岁，汉族，南京市人，南京××实业公司经理，住本市××区××村×号。

被告：××证券公司南京分公司××营业部，地址：本市××路100号。

诉讼请求：要求被告赔偿原告经济损失30万元并承担本案诉讼费用。

1997年7月，原告经人介绍结识被告单位职员××(1998年8月底下落不明)经与原告协商，达成委托其以原告名义通过上海及深圳证券交易所认购一级市场股票协议。嗣后，原告以银行汇票形式向原告在被告处设立的股票资金账户汇入、汇出资金。时值1998年8月，原告发现该账户发生亏空，经8月16日、17日被告向原告出具的"客户对账单"显示，该账户上的资金被他人数次挪用、提现。经初步核算，发现资金短少约60万元，股票短少7 000股。原告与被告进行了多次交涉，但被告一再推诿。

原告认为，原告作为被告的客户，相互之间系委托代理的法律关系。被告在无原告授权的情况下，给他人在原告的账户上提取现金，以及进行二级市场操作等行为，违背了原告的意愿。违反了有关证券法规和业务操作规范。被告负有违约和疏于管理的责任。被告对原告的经济损失负有赔偿责任。

为维护原告的合法财产利益不受侵犯。根据我国《民法通则》、有关证券法规的规定，现原告依法向人民法院提起诉讼，要求被告先行赔付原告经济损失30万元。

此致

南京市××区人民法院

具状人 ××

××年×月×日

[评析] 这篇法律文书格式正确，诉讼请求明确合理。事实与理由阐述得较为清晰，结构完整。

第二部分　行政诉状

一、与民事诉状的不同点

1. 被告不同，行政诉讼的特点决定了行政诉状的被告一方是行政机关。

2. 写法有所不同，表现在有些原告行为已经经过了行政机关的处罚，而当事人对此不服，因此，这类行政诉状就必须详细阐述行政机关的处罚不正确的法律原因，带有很强的反驳性质的写作方法，这类的行政诉状类似于民事上诉状的写法。

3. 诉讼请求不同于民事诉状。

二、事实与理由的写法

行政诉状如果是行政相对人不服行政机关作出的具体行政行为而起诉的，此时的事实和理由要注重分析行政机关作出的具体行政行为不符合事实和法律的情形。

三、范文评析

[范文一]

行政起诉状

原告：陈××，男，××年×月×日出生，汉族，住××市××区××街道××号

被告：××区××街道办事处

诉讼请求：

1. 原告不服被告作出的"不发给我子陈××从1994年出生的独生子女父母奖励费"的行政行为，请求确认该行政行为违法。

2. 请求判令被告按规定发给我子陈××从1994年出生的独生子女父母奖励费。

事实与理由：

我子陈××1994年9月9日出生，1995年4月20日领取《独生子女父母光荣证》，《光荣证》证件编号为：13—××。但至今未发给我们独生子女父母奖励费，已向××街道办事处催告，要求发给我子陈××从1994年出生的独生子女父母奖励费。但××街道办事处仍以种种借口拒绝发放。

被告的行为已经违反了我国的有关法律法规，侵害了原告的合法权益。现原告特向宁波市××区人民法院提出起诉，请求确认该行政行为违法。并责令被告按规定发给我子陈××从1994年出生的独生子女父母奖励费。

此致

宁波市××区人民法院

起诉人：陈××

××年×月×日

附：1. 本诉状副本壹份。

2.《独生子女父母光荣证》(复印件)。

3. 被告行政行为(复印件)。

[评析] 这是一份典型的确认行政行为违法的行政诉状，简洁而清晰。不足之处在于首部关于被告没有介绍清楚。证据的位置以及附注不符合诉状的格式。

[范文二]

事实与理由部分：

1993年1月27日，患者张××到我院治疗，需注射青霉素。当日下午4时30分，张××到注射室，恰遇原告值班，原告由于要下班接孩子，并考虑到张××曾多次到我院注射青霉素，未曾有过异常，故未给张××做皮试，即注射了青霉素。15分钟后出现异常，经我院抢救无效死亡。同年1月31日，我市卫生医疗事故技术鉴定委员会得出鉴定结论：认为原告的行为为医疗事故，原告对此鉴定结论无异议。

1993年3月4日，被告依据《医疗事故处理办法》第22条的规定，给予原告以下行政处罚：1. 赔偿家属8 000元；2. 吊销原告医疗资格。对此处罚，原告表示不服。理由如下

1. 被告适用法律错误

……

2. 被告作出的处罚不当

……

[评析] 这是常用的行政相对人不服行政机关的处罚决定进而提起诉讼的行政诉状的结构，首先介绍事件的过程以及处罚结果，再论述处罚不正确的原因。

第三部分　刑事自诉状

一、概念与功用

(一)刑事自诉状的概念

刑事自诉状，是刑事自诉案件的被害人或者其法定代理人，根据法律的规定，直接向法院提起诉讼，要求人民法院对被告人的犯罪行为追究刑事责任的法律文书。

(二)功用

刑事自诉状用于公民个人提起刑事诉讼。根据《中华人民共和国刑事诉讼法》第一百七十条，自诉案件包括下列案件：

1.告诉才处理的案件。告诉才处理的案件主要是指侮辱、诽谤、暴力干涉他人婚姻自由、虐待等罪。我国刑事犯罪是采用检察机关公诉为主，公民自诉为辅的形式，在书写刑事自诉状时一定要注意证据的充分性。

2.被害人有证据证明的轻微刑事案件。

3.被害人有证据证明对被告人侵犯自己人身、财产权利的行为应当依法追究刑事责任，而公安机关或者人民检察院不予追究被告人刑事责任的案件。

二、文书的结构与注意事项

1.写明案由(不同于其他诉状)。

2.注明证据和证据来源。

3.写清楚自诉人与被害人之间的瓜葛、产生的矛盾及演化过程。

4.针对犯罪的四个构成要件来写。

三、格式

刑事自诉状

自诉人：姓名、性别、出生年月日、民族、籍贯、职业或工作单位和职务、住址等。

被告人：姓名、性别等情况，出生年月日不详者可写其年龄。

案由和诉讼请求：被告人被控告的罪名和具体的诉讼请求。

事实和理由：被告人犯罪的时间、地点、侵害的客体、动机、目的、情节、手段及造成的后果。有附带民事诉讼内容的，在写明被告人的犯罪事实之后写清。理由应阐明被告人构成的罪名和法律依据。

证据和证据来源，证人姓名和住址：主要证据及其来源，证人姓名和住址。如证据、证人在事实部分已经写明，此处只需点明证据名称、证人详细住址。

此致

××人民法院

自诉人：

××年×月×日

四、范文评析

刑事自诉状

自诉人：王××，女，××年×月×日生，汉族，出生地上海市，博士，上海××学院外聘教授，现持美国公民护照。

诉讼代理人：周××，上海市××律师事务所律师。

被告人：夏××，女，××年×月×日生，汉族，出生地××省××县，大专文化，无业，户籍所在地××市××区××镇××村××号，现涉嫌犯罪羁押于上海市看守所。

案由和诉讼请求：被告人夏××将我的巨额财物非法占为己有，拒不交还，请求追究其刑事责任。

事实和理由：

一、被告人侵占我的存款计人民币1 623 824.25元，拒不交还

2002年5月22日至同年6月12日期间，被告人以调用2万美金为由，取得我的定期存折；又在我不设防的情况下，取得我的活期存折，并从这2本存折中提取各币种资金折合人民币1 623 824.25元。被告人在占有该款后，同时对外称：其已获取20万美金的佣金。被告人将该款占为己有，并以其自己的名义将该款做了处理。当自诉人于同年7月13日发现该存款被夏××提走，对夏××追问时，夏××以谎言隐瞒去向，回避不见，自诉人只得报案控告。

证明上述事实的主要证据有：《核查报告》，25张取款凭条及市公安局《文检鉴定书》，王×的证言证词，市公安局的报案记录和技侦记录。

二、被告人侵占我的卖房款计人民币643 252元，拒不交还

2002年1月至4月期间，被告人夏××以能将我订购的本市两套“明园”商品房溢价20万出售；能将我的一套“步高苑”商品房以210万元价格出售的谎言，骗取我的信任，将我订购的两套“明园”商品房按原价退房，于2002年1月29日取得“明园”退房款计人民币450 764元，直接存入其自己的账户；又将我的“步高苑”商品房以190万元价格出售，于2002年4月25和30日取得“步高苑”卖房款计人民

币 1 474 374 元也直接存入其自己的账户。此后，夏××于 2002 年 4 月 27 日将人民币 60 万元存入我的定期存折，提现人民币 3.1 万元交还给我(其中人民币 249 000 元属于还我 3 万美金借款，只有人民币 382 000 元属卖房款)；于 5 月 8 日将人民币 12 万元存入我的定期存折；于 5 月 9 日，将人民币 519 156 元同沈××兑换成美元 62 700 元存入我的定期存折；于 5 月 18 日将人民币 10 万元存入我的定期存折；于 2001 年 12 月，给我一张××商务咨询有限公司的人民币 2 万元支票，2002 年 3 月初给我一张中国农垦××公司的人民币 10 万元支票，共计人民币 12 万元以赞助款为由给我；于 2002 年 6 月 19 日代我向××公司支付会务费人民币40 730 元。其余款共计人民币 643 252 元(卖房所得款 1 925 138 元减去卖房交还款1 281 886元)均被夏××非法占有，至今拒不交还。

证明上述事实的主要证据有：××公司销售员杨××证言，××中介公司司××证言，上海××××会计师事务所《关于夏××从他人银行存折提取资金的查核报告》，夏××所写的计算房款的纸条，夏××写给林××的传真，自诉人陈××的笔录；××商务咨询有限公司倪××证言，中国农垦××公司冯××证言。

同时，自诉人的陈×和周×的证词印证：夏×× 称为自诉人支付人民币 25 600 元的上海大剧院中剧场场租费系不符事实的谎言；自诉人的陈×和华×的证词印证：夏××称为自诉人支付人民币 35 300 元的冷餐会费用系不符事实的谎言；自诉人陈×和徐××的证词印证：夏××称为自诉人支付人民币 50 730 元的乐团演出费系不符事实的谎言；自诉人陈×和夏××所写的计算房款的纸条印证：夏××于 2002 年 3 月 18 日和同年 4 月 9 日将人民币 4 万元、美金 10 300 元存入自诉人的定期存折不属于卖房款的返还，而是夏××对自诉人其他借款的返还。

三、被告人侵占我托其炒股票的投资款计 4 万余美金，拒不交还

2001 年 10 月，夏××以帮我炒股赚钱为由，从我处取走美金 45 800 元。其得款后实际并未投资炒股，但夏××却以投资赢利款名义，交还给我 5 000 元美金后，将其余款 4 万余美金占为已有，拒不返还。该节事实由夏××给自诉人的信件、传真、夏××的供述、自诉人的陈述、自诉人的原始账目笔记相互印证为据。

鉴于被告人非法占有我的巨额财产，拒不交还的事实铁证如山，被告人的行为已严重触犯《中华人民共和国刑法》第二百七十条，又有拒不认罪、拒不退赃的情节。本受害人特依据《中华人民共和国刑法》第二百七十条，《中华人民共和国刑事诉讼法》第一百七十条，向贵院自诉被告人犯侵占罪，请求贵院追究被告人刑事责任，并予从重处罚。

此致

上海市第一中级人民法院

自诉人：王××

二〇〇三年十二月十五日

附：

1.刑事自诉状副本1份。

2.《提请调取证据申请书》1份。

3.证据5份共9页(夏×× 写给王×× 传真2份共2页，信件2份共3页，王×× 账目笔记1份共4页)。

［评析］刑事自诉状的结构与民事诉状的结构有所区别，尤其注意要求明确写明刑事自诉的案由，本刑事自诉状的不足之处在于理由的阐述比较简单，没有展开进行论述。

第二节 上 诉 状

第一部分 民事、行政上诉状

注意：就法律文书的写作与法而言，民事上诉状与行政上诉状两者之间并没有实质差别。

一、概念

民事、行政上诉状，是诉讼当事人或者他们的法定代理人不服一审法院的裁判或裁定，在法定期间内，向原审法院的上一级人民法院提出上诉，要求重新审理并撤销、变更原裁判的法律文书。

二、功用

1.对当事人，是指对维护当事人的合法权益、避免错误裁判生效或促使二审维持正确裁判都有积极意义。

2.对法院，是上一级人民法院进行上诉审理程序的书面依据。

三、格式

民事上诉状

上诉人：

地址：　　　　　　　　　　电话：

法定代表人：　　　　　　　职务：

被上诉人：

地址：　　　　　　　　　　电话：

法定代表人：　　　　　　　职务：

上诉人因______一案，不服______人民法院______年______月______日（　）字第__号判决书，现提出上诉。

上诉请求：

1.

2.

事实和理由：

此致

××人民法院

上诉人：

××年×月×日

附：本上诉状副本　　　份。

四、写作中的注意事项

1. 有些是固定用语，不能省略。如：

上诉人因______一案，不服人民法院______年__月__日（　）字第__号判决书，现提出上诉。

2. 写上诉请求不同于起诉状，必须要首先明确请求二审法院撤销一审的民事判决或撤销一审的民事判决的具体哪几项判决。

3. 当事人一般罗列为上诉人和被上诉人。

4. 事实与理由部分。

（1）详略的问题：一般是针对一审判决或裁定的不但之处，详细的进行论述。

(2)注意分清层次{认定事实不清；适用法律错误}

(3)注意针对一审判决：对一审判决中认定正确的事实和适用法律正确的部分可以不做过多的阐述。

五、范文

[范文一]

民事上诉状

上诉人(一审被告)：山西××贸易有限公司，住所地太原市××街××号

法定代表人：李××，公司经理

被上诉人(一审原告)：××铁路工程总公司第一工程公司，住所地太原市××路××号

法定代表人：张××，公司经理

上诉人因租赁合同一案，不服太原铁路运输法院(××)太铁经初字第××号《民事判决书》，现依法提起上诉。

上诉请求：

1. 撤销太原铁路运输法院(××)太铁经初字第××号《民事判决书》。

2. 依法认定、改判1998年5月14日上诉人与被上诉人签订的房屋租赁合同有效。

3. 被上诉人承担违约责任，并履行1998年合同义务后，同意解除合同。

上诉事实和理由：

首先，上诉人对本案的基本和主导观点：

上诉人认为，根据《合同法》倡导的当事人意思高度自治和契约自由的理念，以及目前司法实践中的主流执法观念，上诉人与被上诉人之间共存在3份合同，均应认定为有效合同。1998年合同，是当事人之间的最初的、最原始的意思表示。1999年、2000年合同是1998年合同的延续。该3份合同的主体、标的物、价款基本一致。3份合同之间的承继、脉络关系明晰。

一、一审法院认定1998年5月14日上诉人与被上诉人下属单位××酒家签订的房屋租赁合同为无效合同，于法无据。

××酒家作为被上诉人的下属单位，当时也属承包经营。此后1999年11月××酒家也是被被上诉人依内部行政权撤并。1999年合同，也是在被上诉人完全

明了1998年合同的情况下订立的。从代理权方面讲,即使××酒家对房屋只有经营使用权,也未获得出租授权,以及被上诉人与××酒家之间有内部的授权限制。但是对这一切,外界并不知悉。所以××酒家的相对人,应享受善意相对人的待遇。同时,依据《合同法》第四十九条有关表见代理的规定,被上诉人在1999年、2000年签订的房屋租赁合同中明知××酒家1998年越权代理也未做出否认的表示,属代理权限不明后的默认,善意相对人有理由相信××酒家对房屋租赁有权代理,因此,依据代理制度设立的目的是为了保护善意相对人的信赖利益和交易的安全,1998年的房屋租赁合同应认定为有效合同。可见,无论从哪个角度讲,被上诉人都不可推卸1998年合同的所产生的权利义务的法律后果。

二、法院以被上诉人已履行了合同大部分义务,上诉人在双方订立合同时已在使用租赁房屋为由认定上诉人先履行抗辩权不能成立,这明显违反了《合同法》有关先履行抗辩权的规定。《合同法》第六十七条规定:"当事人互负债务,有先后履行顺序,先履行一方未履行的,后履行一方有权拒绝其履行要求。先履行一方履行债务不符合约定的,后履行一方有权拒绝其相应的履行要求。"法院查明从1999年、2000年租赁合同期间,被上诉人始终未将该房营业厅偏房南头一间房屋($13.3\ m^2$)腾出,这属违约履行。法院以简单不予收取相应租金回避了被上诉人应当承担的违约责任显属不当。因此上诉人行使先履行抗辩权有法有据,法院应当予以认定。

上诉人基于并不完全认可的一审法院判决的几点抗辩观点:

一、一审法院以2001年后,上诉人与被上诉人之间存在事实租赁关系为由,判决上诉人比照2000年合同的租金标准承担租金,于法无据。

法院对2001年的房屋租赁关系属事实关系的认定于法无据,于事实不符。经济合同是当事人双方依法约定权利义务的协议,在合同法理论中根本就没有事实合同关系的说法,事实上2001年双方当事人履行的合同是1998年合同的延续。如果按照一审法院自己的观点,2000年合同也已经到期。那么,上诉人如果需要承担实际占有房屋的费用,也应该是一个赔偿问题。赔偿的标准应该按照房屋管理主管部门或评估机构出具的鉴定结论确定赔偿的数额。

二、一审法院对被上诉人未履约的$13.3\ m^2$问题的判决,存在明显的执法错误。

被上诉人未履约的$13.3\ m^2$房屋面积,是明显的、简单的违约问题。但一审法院的判决却只是对此做简单的扣除相应租金的处理,未追究违约的被上诉人的违约责任。此乃明显错误司法。

三、鉴于一审法院孤立执法(只处理2000年合同)的情况,则上诉人在2000年度以后已经给付的租金就不止2万元。

根据上诉人目前手头掌握的被上诉人出具的收款收据、收条的证据显示，2000年度以后上诉人已经给付被上诉人的租金总额为43 000元。

四、即便按照在一审法院只处理2000年合同的情形下，对有关装潢不予补偿，亦不公平。

装潢补偿问题，2000年合同尽管没有明确约定补偿，但也没有约定不补偿。这从法律和法理上讲，应该视为当事人对合同条款约定不明的情形。对此应本着公平合理的执法理念来处理。

综上所述，上诉人认为，上诉人与被上诉人之间共存在3份合同。被上诉人和一审法院对该3份合同在明知和已经查明的情况下，却有意割裂当事人之间的完整民事法律关系。从而造成一审判决存在片面、孤立执法（如只处理2000年合同），加重当事人的讼累。以及一审判决存在执法尺度、执法理念的不统一、不协调（如对13.3 m^2 未追究违约责任）。还有一审判决存在越权司法、违法裁量（如处理2001年房租）等问题。为此，上诉人恳请二审法院，能在基于依法查明本案全部事实的基础上，均衡执法，做出公正的裁判。

此致

北京铁路运输中级法院

上诉人：山西××贸易有限公司

二○○○年×月×日

附：本上诉状副本二份

［范文二］

民事上诉状

上诉人（一审被告）：××有限公司

住所：北京市××路××号

法定代表人：×××　　　职务：董事长

被上诉人（一审原告）：××有限公司

住所：北京市××路××号

法定代表人：×××　　　职务：董事长

上诉人××有限公司（以下简称公司）不服北京市××人民法院（2005）民二初字第××号民事判决部分判决内容，现提出上诉。

上诉请求：

1. 一审判决第二项与事实不符且适用法律不当，被上诉人联营投资款未达到

10 412 032.75 元，请求法院依法改判；

2. 一审判决第三项认定事实和适用法律不当，请求法院依法予以撤销。

3. 本案诉讼费用以及鉴定费用由被上诉人承担。

事实和理由：

一、被上诉人个人与上诉人之间签订的《联营协议》是无效协议。原审判决第三项判决由上诉人赔偿被上诉人联营利润 28 012 020.11 元，与事实不符，适用法律不当。理由如下：

原审判决认定《联营协议》有效，属于适用法律错误。被上诉人个人与上诉人之间签订的《联营协议》是无效协议。

联营是在我国经济体制改革之后出现的一种法人参加横向经济联系的方式，它指的是企业之间或者企业与事业单位之间的联合经营。

对于联营的相关规定见于《中华人民共和国民法通则》第五十条到第五十三条。这三条分别规定了联营的三种形式，即法人型联营、合伙型联营和协作型联营，民法通则对这三种联营形式的主体均规定为企业之间或者企业、事业单位之间，而没有其他形式，由此可见，个人是不能成为联营的主体的。最高人民法院《关于审理联营合同纠纷案件若干问题的解答》第三条对于联营合同主体资格认定有明确规定："联营合同的主体应当是实行独立核算，能够独立承担民事责任的企业法人和事业法人"。"个体工商户、农村承包经营户、个人合伙，以及不具备法人资格的私营企业和其他经济组织与企业法人或者事业法人联营，也可以成为联营合同的主体"。上述规定明确了个人不能成为联营合同的主体。

本案所涉及的《联营协议》是由总公司（甲方）与（乙方）之间签订的，乙方签字盖章处均为个人签名，并留有个人的身份证号码，由此可见，在本协议中，被上诉人完全是以个人的名义签署的协议，根据相关法律的规定，被上诉人不能成为联营合同的主体，由此也导致该联营协议属于无效协议。

上诉人认为，对于无效协议，我国法律规定是自始无效的。对无效协议的处理，应根据《中华人民共和国合同法》的有关规定处理。被上诉人不能依据一份无效协议取得矿井的相关利润。作为一个具备完全民事行为的主体，被上诉人应独立承担合同无效的责任。一审法院认定《联营协议》有效，是属于事实认定不清，法律适用严重错误。

二、即使联营协议有效，那么在 2003 年 7 月 9 日矿难发生之后，被上诉人畏罪潜逃，上诉人也已终止了该协议。理由如下：

2003 年 7 月 9 日，立井发生矿难，安全生产监督管理局责令矿井停工整改，被上诉人也被追究刑事责任。根据《联营协议》第六条以及相应条款的规定，如发生重大安全事故，应由被上诉人进行赔偿。被上诉人在矿难发生之后，不但没有履行赔偿义务，反而一走了之，音信全无，给矿带来巨大损失。在此情况下，上诉人承担了矿难的善后处理工作。2003 年 7 月，上诉人召开董事会并行成董事会决议，该决议解除了被上诉人的矿长职务，并同时解除了与被上诉人的《联营协议》。

上诉人认为，作为联营一方的被上诉人潜逃后，无法履行《联营协议》规定的义务，矿井的日常管理和经营活动无法进行。这时，被上诉人已违约在先，且导致联营在事实上不能继续。在这种情况下，上诉人终止《联营协议》合理合法。

在《联营协议》终止的情况下，被上诉人无任何理由和权利索要联营协议终止之后的利润。

三、2003 年 7 月 9 日矿难发生之后，矿井的整改、恢复生产等工作全部由上诉人单独完成。被上诉人未再对矿井进行任何投资，也没有进行任何日常生产经营管理工作。

被上诉人自 2003 年 7 月潜逃之后，于 2005 年 4 月在高新区人民检察院自首，2005 年 6 月 22 日，被上诉人因重大责任事故罪被判刑。在此期间，被上诉人未履行与联营有关的任何义务，也没有对上诉人解除联营协议的决定提出任何异议。

矿难发生之后，所有的整改、恢复生产工作均由上诉人单独完成，对这一事实，原审法院予以认定。根据统计，上诉人为恢复矿井生产的投资额达 4 千多万元。按照这一投资额度，上诉人与被上诉人之间在联营协议中的投资比例已发生重大变化。原审法院认定此期间的《联营协议》仍应继续履行，那么履行的事由和利润分配比例也应做出相应的调整。因为，在 2003 年 7 月 9 日出现矿难之后，被上诉人畏罪潜逃。原矿的设施被安监局认定存在重大事故隐患，判为不合格。上诉人为恢复生产承担了重新建设所需的全部费用，总计 4 000 多万元。在此之后产生的利润，都是上诉人投资所致，与被上诉人没有任何关系。根据谁投资谁受益的原则，这些利润理应由上诉人享有。被上诉人无权对此主张权利。这样才符合我国民法的基本原则——公平原则。上诉人认为原审法院的判决和认定前后矛盾，事实认定不清，法律适用错误。

四、一审判决认定被上诉人在联营期间投资款为 10 412 132.75 元，属事实认定不清，判决上诉人返还上述投资款，属适用法律不当。理由如下：

1. 原审判决对被上诉人在联营期间的投资款认定有误。

根据上诉人与被上诉人 2000 年 6 月 28 日签订的《联营协议》，被上诉人在联营期间的投资为一矿所需各种设备、设施、流动资金以及经营过程中所需各种工商、税务、环保、政策性费用。被上诉人在联营期间确有部分设备、设施等固定资产的投入，但其他费用的投入是维持铁源一矿正常生产所必需的费用，与固定资产的投入有本质的区别，这部分费用不属于法律意义上的投资，不应该包含在返还的投资款范围之内。原审判决认定被上诉人返还的投资款既包括被上诉人的固定资产投资，又包括一矿生产过程中的费用支出，显然是事实认定不清，适用法律不当。

2. 由于《联营协议》是无效协议，根据《中华人民共和国合同法》的相关规定，缔约双方应各自承担缔约过失责任，所投入财产应各自返还，并尽量恢复到自缔约之前的状态。上诉人认为，被上诉人明知自己不具备主体资格，仍然与上诉人签订《联营协议》，应承担主要的过失责任。原审法院判决上诉人返还以被上诉投入的机器设备折价后的价款，显然是适用法律错误。

3. 即使联营协议有效，对被上诉人投资的返还，也必须依照法律的规定进行，原审判决违反了法律的规定。

原审判决称“双方联营已不可能，该联营协议应予解除”。最高人民法院《关于审理联营合同纠纷案件若干问题的解答》第七条明确规定：“联营合同解除后，联营财产经清偿债务有剩余的，按照联营合同约定的盈余分配比例，清退投资，分配利润。”原审认为“原告与被告经营期间形成的负债，依据联营协议，应由原告负责处理，但因在 2003 年 7 月以后，矿实际由被告控制，进行生产经营，故对联营期间形成的负债利害关系人可依法另行向经营矿主张权利”。这实际上判定被上诉人可以不承担一矿的债务，而只享有一矿的利润分配。而且依据这一认定，被上诉人可以在不清偿一矿债务的情况下，即可以收回在一矿中的投资。上诉人认为，原审判决认定被上诉人不承担一矿的对外负债，其理由不成立，且与原审判决第三项相互矛盾。既然被上诉人不承担一矿的债务，就不应当享有相应的权利。而且，被上诉人不能参与一矿的经营管理，其原因在于被上诉人负案在逃，其后果应由被上诉人承担。上诉人在这种情况下，对一矿进行生产经营，合理合法。上诉人认为，对被上诉人投资的返还，必须依照法律的规定进行，原审判决违反了法律的规定。

4. 即使《联营协议》有效，原审判决上诉人全部以折价方式返还被上诉人的投资，也违反了最高人民法院的明确规定。

最高人民法院《关于审理联营合同纠纷案件若干问题的解答》第七条同时还规定：“在清退联营投资时，联营各方原投入的设备、房屋等固定资产，原物存在的，返还原物；原物已不存在或者返还原物确有困难的，作价还款。”根据上述规定，对于被上诉人投资的返还，应返还原物，只有在返还原物有困难的情况下，才作价返还。

5. 原审法院认定被上诉人的投资款数额为 10 412 032.75 元，与事实不符。

原审法院依据会计事务所(2006)第 32 号鉴定报告，认定被上诉人在联营期间投入资金共计 10 412 032.75 元。上诉人认为，该鉴定报告严重失实：一、鉴定程序违法，选择的鉴定单位与被上诉人有亲属关系，因此鉴定报告不具有证据的法律效力；二、该鉴定报告所依据材料全部由被上诉人单方面提供，且部分资料为复印件，未经上诉人认可；三、被上诉人的实际投入只有600多万元，鉴定报告所述的1 000多万元的数字，是个虚假的数字。原审法院判决上诉人应返还被上诉人10 412 032.75元与事实严重不符。

综上所述，原审判决认定事实不清，适用法律错误，导致判决不公。上诉人特提起上诉，请二审法院查清事实，依法改判。

此致

北京市××人民法院

上诉人：

××年××月××日

附：本上诉状副本8份。

［评析］这是实务工作中制作得较好的一篇上诉状，从本上诉状的写作中，我们可以发现并领会上诉状不同于民事诉状的显著特点：1.说理更加透彻。一般而言，对于民事诉状的说理部分，不会展开进行详细的论证，而对于上诉状，必须进行细致的法律分析，这篇法律文书中，对于联营法律问题的分析，值得同学们借鉴。当然，不足之处在于对联营协议为无效性的理论分析不够到位，一般而言，分析协议的有效性必须引用《合同法》的相关合同效力的规定，引用相关法条进行解释，这是本文分析方面的欠缺，并且也是本上诉状的重点问题之一；2.上诉状的针对性。上诉状必须对一审判决进行针对性的论证，这一点在本上诉状中体现得较为明显。

需要提醒注意的是：法律文书尤其是上诉状，其带有很强的目的性，加之法律解释、对案件事实的理解的不一致性，一般而言，制作法律文书时，需要考虑到多种可能，所以本上诉状在坚持联营协议无效的前提下，又进行了假设，假设联营协议有效的情况下，进行了进一步的分析，这也是实务中常用的一种方法，需要学习、灵活运用。

［范文三］

民事上诉状

上诉人（一审原告）：秦××，男，1968年出生，汉族，北京市人，经商

住 所：北京市西城区××胡同×号

被上诉人（一审被告）：中国A集团公司

住 所：北京市西城区××路×号

法定代表人：周××，总经理

上诉人因与被上诉人磁卡电话服务合同纠纷一案，不服北京市第一中级人民法院2002年3月29日所作的(××)一中民初字第××号民事判决书之判决，现提出上诉。

上诉请求：

原审法院(××)并民初字第××号民事判决，查明事实与认定结论自相矛盾、程序上严重违法我国宪法和其他法律规定，请求撤销该判决，并依法进行改判。

上诉理由：

一、原审判决在程序上严重违反我国宪法和其他法律的规定

(一)原审法院的民事判决没有适用中国的任何法律条文。在原审法院的三页判决书内，查找不到我国的任何一条法律规定，这是闻所未闻的。无论是实体法还是程序法，《民法通则》、《合同法》、《消费权益保护法》、《民事诉讼法》等我国现行有效的法律，原审法院都没有给予适用。这是严重的违法行为。《中华人民共和国宪法》第五条规定，国家维护社会主义法制的统一和尊严。一切国家机关和武装力量、各政党和各社会团体、各企业事业组织都必须遵守宪法和法律。任何组织或者个人都不得有超越宪法和法律的特权。我国《民事诉讼法》第七条：人民法院审理民事案件，必须以事实为根据，以法律为准绳。我国《民事诉讼法》第一百三十八条规定，民事判决书应当写明：(1)案由、诉讼请求、争议的事实和理由；(2)判决认定的事实、理由和适用的法律依据。(二)原审法院不公开审理，是严重违法行为。我国《宪法》第一百二十五条规定，人民法院审理案件，除法律规定的特别情况外，一律公开进行。我国《民事诉讼法》第一百二十条规定，人民法院审理民事案件，除涉及国家秘密、个人隐私或者法律另有规定的以外，应当公开进行。涉及商业秘密的案件，当事人申请不公开审理的，可以不公开审理。本案一审诉讼过程中，法院以涉及商业机密为由不公开审理，但一审中中国所谓的机密均系众所周知的事实，也就是：中国电信向信息产业部递交的要求电话磁卡置换IC卡的申请报告、信息产业部同意中国电信置换的批复、换卡的具体办法、换卡的实施细则，这些“商业机密”早在2001年10月，中国电信均已经通过中央电视台、中央人民广播电台等新闻媒体公之于众，为家喻户晓。我国法律对商业机密有着明确的界定。我国现行法律对商业秘密是这样鉴定的：商业秘密是指不为公众所知悉，能为权利人带来经济利益、具有实用性并经权利人采取保密措施的技术信息和经营信息。这个规定较为全面、清晰地界定了商业秘密的范围和作为商业秘密的条件。这里的技术信息，指技术诀窍、技术配方、工艺流程等；这里的经营信息，指经营决策、客户名单等。作为商业秘密的条件首先是经权利人采取保密措施，他人不能轻易获取这种信息。其次该信息能为权利人带来经济利益，具有实用性。

二、原审判决认定事实不清，查明的事实与认定结论自相矛盾

原审判决书第2页查明的事实有：经审理查明……1998年底，磁卡电话机因故障、损坏等现象，造成可使用的磁卡话机不断减少，故中国电信于1999年9月向广大消费者发出敬告……2001年10月25日，中国电信通过媒体发布公告，声明淘汰磁卡电话机，用IC卡电话卡话机代替磁卡话机……自2002年12月31日，磁卡公用电话停止服务。从法院所查明的事实说明了这样的问题：(一)消费者的合法权益从1998年开始至2001年长达3年时间已经遭受侵害，原因是磁卡电话机故障、损害、减少。(二)中国电信的侵害事实延续3年后才采取补救措施，而3年来的损害事实如何对消费者进行赔偿，原审法院没有进行查明。(三)中国电信明知损害事实已经存在两年却仍然在2000年大批量地发行电话磁卡，这是什么原因呢？一审法院没有给予查明。(四)原审没有认定中国电信取消电话磁卡国际长途通话功能，而这一违约事实，原告均有公证书可以证实。(五)磁卡电话服务合同的标的物电话磁卡现在已经被IC电话卡取代，也就是说，磁卡电话服务合同的内容已经发生变更和终止的事实，而这一变更、终止的事实是中国电信单方作出的。但是，让人不可理解的是法院的认定结论！原审判决书第2和第3页所载。法院认为，原告持有的电话磁卡，成为接受通信服务的凭证，但随着时代的发展，科技的进步，IC电话卡作为电话磁卡的代替产品，是科技信息进步的要求……中国电信将磁卡更换IC卡的行为，并非单方变更合同的行为。原告应按照中国电信的换卡公告，办理磁卡的更换。原告要求解除服务合同没有法律依据……原告提出的经济损失一节，因更换IC卡系根据原电话磁卡中所存有的价值，作出等价更换，故未给原告造成任何经济损失……

从原审法院的结论，显而易见，与查明的事实是风马牛不相及！

三、原审法院认为，原告应当按中国电信的换卡决定进行电话磁卡与此IC电话卡的置换

上诉人认为，这种认定，没有任何的法律依据。本案系预收电话磁卡服务费纠纷，由于我国《合同法》分则没有关于服务合同的规定，但根据合同法第一百二十四条规定：本法分则或者其他法律没有明文规定的合同，适用本法总则的规定，并可以参照本法分则或者其他法律最相类似的规定。为此，根据我国《消费者权益保护法》第四十七条的明确规定："经营者以预收款方式提供商品或服务的，应当按照约定提供。未按照约定提供的，应当按消费者的要求履行约定或者退回预付款；并应当承担预付款的利息和消费者必须支付的合理费用。"此条款适用于预收款与约定服务费。上诉人所持有的多种面值的电话磁卡，现在不能使用，不论上诉人拥有多少或者是以多少价钱购买的，中国电信均应按面值给予退款。在合同法中，赔偿应

是对合同履行利益的赔偿，任何人持有此电话磁卡，均可在磁卡公用电话上享受中国电信所提供的100元或50元或30元面额的通话服务，在这里电话磁卡又相当于邮票、火车票、电影票等无记名又有固定票面金额的一种资格证券，标记的金额是100元或50元或30元，人们支付票面金额的款项，就可以获得相等值的服务，电话磁卡是为获得此种服务，那么，由于中国电信违约且不久将停止服务，使电话磁卡人无法享受到100元或50元或30元等不同面额的服务，所以，中国电信应该以每张电话磁卡所标记的100元或50元或30元的不同面额的额度来赔偿上诉人的损失。同时也正是因为电话磁卡具有资格证券的性质，也具有很强的流通性，对这种流通性强的无记名的资格证券，任何持有磁卡电话的人都可要求电信提供100元或50元或30元面额的通话服务，如果不能提供，就要赔偿由此造成的相应损失。所以，不管上诉人是以每张多少元的价格买下这些电话磁卡，它仍然可以要求电信以每张100元或50元或30元等不同面额所标记的电话磁卡额度来赔偿上诉人的损失。根据2000年9月25日公布实施的《中华人民共和国电信条例》第五条电信业务经营者应当为电信用户提供迅速、准确、安全、方便和价格合理的电信服务。第三十三条电信用户申告电信服务障碍的，电信业务经营者应当自接到申告之日起，城镇48小时、农村72小时内修复或者调通；不能按期修复或者调通的，应当及时通知电信用户，并免收障碍期间的月租费用。但是，属于电信终端设备的原因造成电信服务障碍的除外。除了上述中国电信应该承担民事责任的法律条款之外，我们还可以根据我国民法通则的有关规定要求中国电信承担相应的法律责任。

综上所述，上诉人恳切希望北京市高级人民法院能够本着以事实为根据，以法律为准绳的原则，根据我国《民事诉讼法》第一百五十三条第一款第二、三项之规定，支持上诉人的上诉请求和理由为盼！

此致

北京市高级人民法院

上诉人：

年 月 日

附件：

1. 原审法院民事判决书复印件1份。

2. 本状正本及副本一式二份。

[评析] 该法律文书格式正确，能够针对一审判决的不足之处进行分析论证，论证较为严谨。但不足之处在于文中的很多表述需要进一步加以斟酌，以更加符合法律文书用语的表达要求。

［范文四］

民事上诉状

上诉人：中国××报社

法定代表人：×× 社长

地址：北京××胡同2号

被上诉人：×× 男，1931年8月23日出生，汉族，住陕西省××县××乡××村

被上诉人：×× 男，1961年2月21日出生，汉族，住陕西省××县××乡××村

被上诉人：××省××县××村村民委员会

法定代表人：×× 村民委员会主任

××省××市中级法院（××）咸民二初字第××号《民事判决书》，逻辑混乱叙事不清；在证据的审查及运用上存在至为明显的错误；公然对上诉人发表的文章断章取义，妄加取舍，既抹杀了事实真相，又背离了法律的要求。并且，《蹊》文报道客观真实、有理有据，根本不构成对三被上诉人的名誉侵权。为此，上诉人提出上诉，请求撤销××中院上述一审判决，依法改判，驳回三被上诉人的全部诉讼请求。

理由：

一、判决叙明"本案缺席审理，现已审理终结"，在交代了原告"诉称"，并分别列举三家的"举证"之后，作出判断，认为"本案争议的焦点是：1. 被告是否侵犯了三原告的名誉权。2. 三原告是否有损失存在。"紧跟着下了判决："根据原告提供的证据及本案争议的焦点，本院认定被告侵权"。

姑且不论"缺席审理"之说的以偏概全，我们有理由提出：既然是"缺席"审理，"争议的焦点"何处发生？怎么可以对法庭活动凭空编造？既然明白无误地肯定法院"根据原告提供的证据……认定被告侵权"，说明对于被告方提供的大量证据，尽管件件在卷，也统统弃之不顾；本应审清理明的"争议"，实质上被演变成为一审法院与原告方的"商议"，还能指望一审的公正性么？

二、一审判决分列的三原告举出的"证据"，从根本上说，恰恰证明他们提起的"侵权"之诉不能成立。为了补救与纠正一审在采证方面的严重失误，我们将遵循言辞原则，在二审庭审中逐一辩驳，并再次提出我方的证据，以明真相，于此不赘。

三、以下沿着一审判决的叙事顺序，就一审法院"认定（的）侵权事实"，予以剖析，揭示实质，证明该项判决确已达到了令人难以容忍的荒谬的程度！

（一）判决认定：《蹊》文说："……作案人不只王××、王××兄弟，还有其他人

直接参与，这些人至今没有得到应有的制裁”。

（二）判决认定：《蹊》文说：“（武案）拖了三年，谁玩猫腻……这伙人中有烽火村的村干部，我感觉到有人影响此案，但又不明说，总是在朦朦胧胧地笼罩着。咸阳市中级法院院长任×说得更加直截了当：‘这么严重的案子拖了三年，实在是说不过去，有人包庇罪犯！’”

必须指出，判决对所引文字公然进行了编造，意图加罪上诉人，但文章说的又是事实。要害是任×同志说了，“有人包庇罪犯”，他没有实指，《蹊》文引了，亦没有明说。莫非有人对号入座？不然，这又侵犯了谁家的“名誉权”呢？一审判决指责上诉人侵犯了本案三原告的名誉权，这是为什么？

（三）判决认定：《蹊》文说，“任×告诉记者‘这里有个背景，××、××是××村的人，××村是市里的先进村。’一个先进村有如此大的魔力？××村好生了得！××村是1958年‘人有多大胆，地有多大产’发明权的拥有者，以浮夸亩产15万斤粮食而威震全国，从大跃进到文革，一直是陕西省的一块金字招牌”。

文章讲的还是事实。稍有出入或者不同的是，由于时过境迁，情势大变，有人现在不愿承认拥有“人大胆、地大产”的发明权。诚然，作为一种邪说的理论观点，始创者不是××村人士；但是，那个“理论”千真万确是通过××村一类的“实验室”而哄骗了数以亿计的人民大众！它的作用，绝不亚于“发明”者！当年它得到的奖赏不亚于“发明”者就是明证！我们不得不复述那段鲜血层染的历史。有人“发明”了“胆大、产高”的邪说，有人就在他的“试验田”里“创造”了亩产数10万斤以至设计出240万斤的高产纪录，证明着邪说的真实可靠，而其恶果却是饿殍遍野，白骨山积，酿成一幕人类史上罕见的血淋淋的悲剧。本案中的有关责任者不思忏悔，至今还通过他的代理人在庄严的法庭上宣布：这是科学！这里真是连一点良知的影子也找不见了。

于是我们一审法院也就变相地认可“这是科学”，于是谁提起这段历史，谁就构成侵权，更何况你还把“发明权”硬给了人家！

可是，在“基本事实”面前，谁最有道理？在历史事实面前，谁拥有真理？难道还需要详予说明么？一审判决走的未免太远了。

（四）判决认定：《蹊》文说，“××村的党支部书记同时兼任××市副市长，这位副市长不是一般的副市长，直至现在对××市乃至更大范围的政治都有着不可低估的影响，而烽火村是他的政治基础”。

文章的语言极其准确，有哪一句不是事实？《蹊》文他的职务、权势、影响、作用以及与上上下下的非同一般的关系，几近颂歌，怎么构成“侵犯名誉权”了呢？

这不仅反映着一审判决在硬凑“侵权”材料，而且说明办案思维混乱到了何种地步！这是在判什么呢？

（五）判决认定：“八年不懈地控告王副市长的儿子王××等人直接参与毁容毁身案。《蹊》文在‘神秘的关灯人’标题下，指控王××是神秘的关灯人。如原××县公安局王××认为，‘到底是谁关的灯至今没有搞清楚，武×始终指控王××关灯。’”、“王子犯法与庶民同罪，何况一个副市长的儿子”，都是《蹊》文侵权事实。

先不说一审判决的表述与《蹊》文大不相同，我们所引的这些，又有哪一点不是事实！武×作为惨遭残害的弱女子，为什么不可以不懈地指控她认为的疑犯是漏网的犯罪嫌疑人？记者为什么不能根据大量的调查，披露证据，著文报道，促使问题的解决？说“王子犯法与庶民同罪，何况一个副市长的儿子！”这说的不就是“法律面前，人人平等”的法律原则吗？弘扬法治侵了谁的权？一审合议庭到底在为谁服务？

诚然，一审判决详细地列举了王××的“举证”，其第四项说：法院早有裁判，“证明武×毁容故意伤害一案的有关责任人已绳之以法……王××不是犯罪嫌疑人。”其第五项说：“王××是省、市人大代表，证明《蹊》文发表后给王××身心造成极大伤害，以至工作、生活受到很大影响。”这个所谓的“证据”，根本没有证明效力，因为它没有说明实质性问题。第一，请举出一份法院文书，说他“王××不是犯罪嫌疑人”；退一步说，假定某一法官敢于出具这样荒唐的文书，它又有什么效力？凭什么不可以提出质疑？第二，是人大代表难道就不能被群众指控？人大代表本身就可以“证明”一有指责就必然“造成伤害”？这是谁家逻辑，我们断然不能同意，必须批驳，以正视听。

综上所述，我们对一审判决持彻底的否定态度，有根有据，合情合理，该判应予撤销，毋庸置疑。

四、一审判决主文第二项，对三原告的“损失”情况做了区别，姑且不论“损失”之断纯属空穴来风，试问：一审所作的“区别”根据是什么呢？为什么连一句“理由”都不能编出来呢？

还不得不提及的是，原告方诉请我们“赔偿……损失 480 万元”已被一审“酌情”核为 9 万元。遵照规定，当事人未被核准的诉讼请求所发生的诉讼费，不能让对方当事人交付。一审却公然枉法，把全部诉讼费 40 810 元判由被告方即上诉人负担。我们断言不能指望一审的公正性，这是又一例证……

此致

××省高级法院

中国××报社

2000 年 7 月 5 日[①]

[评析] 上诉状不同于民事起诉状，他要求制作者尽可能的针对一审判决，指出其中事实的认定或法律适用的错误，因此，必须要求详尽，而起诉书的要求则不必要求过于详细。这几篇法律文书写得都很不错，大家要学习其中事实与理由的安排，由于每份上诉状上诉的案件的性质不一样，因此，其侧重点也不一样，例如，人身伤害损害赔偿，它侧重于赔偿的数额和标准以及计算的依据，而××报社的上诉状，则侧重于阐述一审认定的事实不正确。请同学们仔细阅读，细心体会。

第二部分　刑事上诉状

一、刑事上诉状的概念

刑事上诉状，是指刑事公诉案件的被告人及其法定代理人和刑事自诉案件的自诉人、被告人不服一审法院的裁决，在法定的上诉期内，向原审法院的上级法院提出要求重审改判的法律文书。

二、刑事上诉状的功能

刑事上诉状，是引起二审的法律文书，对于推动二审法院坚持正确裁决或纠正错判有重要的意义。

三、格式

刑事上诉状

上诉人：

填写姓名、性别、出生年月日、民族、籍贯、职业、工作单位和职务、住址等基本情况。

被上诉人（刑事自诉案件自诉人或被告人、刑事附带民事案件原告人或被告人，刑事公诉案件被告人提出上诉者不列被上诉人）：填写姓名等基本情况。

上诉人因____一案，不服____人民法院____年____月____日（　）字第____号刑事判决（或裁定），现提出上诉。

①摘自 http://news.xinhuanet.com/newmedia/2004-06/22/content_1539687.htm

上诉请求：填写具体的上诉请求

上诉理由：对一审判决或裁定不服的具体内容，阐明上诉的理由和法律依据。

此致

____人民法院

上诉人：

代书人：

××年×月×日

附：本上诉状副本　份。

四、范文

刑事上诉状

上诉人：陈××，男，58岁，北京人，汉族，北京市××区人，现在押。

上诉人因受贿罪一案，不服北京市××区人民法院1999年3月刑初字第21号判决书，现提起上诉。上诉请求和理由如下：

1.原审法院判决认定上诉人收受贿赂，已构成犯罪，上诉人没有意见。但是，上诉人收受贿赂确实不是为了装进自己的腰包，其中的5 000美金，除了领出500美元作为在国外的开支费用外，其余4 500元，当即汇回国内。

2.原审判决认定上诉人由于“收受贿赂，在商务谈判中不仅对机械议价不力，价格较高…… ”而事实上，谈判在1998年的3月份，此时，机械价格稳定，外商给了我们20%的优惠，由于这次谈判节约了大量的外汇，在×××部的一次交流会上，上诉人得到了有关领导的一致好评，只是由于外汇市场的变化，5月份机械价格大跌。一审法院将5月份的价格与3月份的比较得出“议价不力”是不正确的。而且谈判时的主谈人是王×，所以对这一点，上诉人只承担领导责任，而不能承担直接谈判责任。

通过政府的教育，上诉人已经认识到自己的罪行，恳请政府依据《中华人民共和国刑法》第三十一条之规定，从宽处理。

此致

北京市二中院

上诉人：陈××

1999年4月15日

［评析］本篇刑事上诉状的格式基本正确，但不足之处亦十分明显，第一，文中的部分表述口语化，如“上诉人没有意见”“装进自己的腰包”等。需要我们仔细阅读发现其中的口语化表述。更重要的是，尽量避免以后自己制作法律文书时出现

类似的错误；第二，没有针对判决进行针对性的论述，尤其是文中的第2点的论述没有充分的说服力。

第三节　再审申请书

一、再审申请书的概念（法律基础为民事诉讼法第一百七十九条）

再审申请书或申诉状，是指民事、刑事、行政案件的当事人、被害人及其家属，他们的法定代理人以及其他公民，不服已生效的裁决，向人民法院或人民检察院提出的要求重新审理案件的文书。根据案件的性质不同分为：民事再审申请书、刑事再审申请书、行政再审申请书。

二、功用

1. 表达当事人申诉意愿，维护当事人正当权益。
2. 人民法院适用审判监督程序提起再审的依据。

三、文书结构（同上诉状大致相同）

民事再审申请书

申请人：×××

申请人×××对×××人民法院×年×月×日（××）字第×号××（判决或裁判）不服，申请再审。

请求事项：

事实与理由：

此致

××人民法院

申请人：×××

××年×月×日

四、注意事项

1. 交代清楚生效的判决 { 一审生效判决 / 二审生效判决

2. 交代清楚时间（2年内）。

3.申请的法院(上一级人民法院)。

4.按照民诉第一百七十九条的内容来书写,主要针对理百七十九条的十三点规定理由中的一点或几点同时来写,做到有的放矢。

5.离婚案件的特殊问题。

五、范文评析

再审申请书

申请人(原审第三人):梁××,女,1962 年 3 月出生,现住××市××路××巷。

被申请人(原审被告):××市××物资供销公司

法定代表人:乔××,经理

原审原告:××市××信用社

法定代表人:李××,主任

××省××地区人民法院(××)临民终字第××号《民事判决书》是一份审判程序错误,认定事实错误、适用法律错误的判决书。

根据《中华人民共和国民事诉讼法》:

第一百七十八条当事人对已经发生法律效力的判决、裁定,认为有错误的,可以向原审人民法院或者上一级人民法院申请再审,但不停止判决、裁定的执行。

第一百七十九条当事人的申请符合下列情形之一的,人民法院应当再审:

(一)有新的证据,足以推翻原判决、裁定的;

(二)原判决、裁定认定事实的主要证据不足的;

(三)原判决、裁定适用法律确有错误的;

(四)人民法院违反法定程序,可能影响案件正确判决、裁定的;

(五)审判人员在审理该案件时有贪污受贿,徇私舞弊,枉法裁判行为的。

人民法院对不符合前款规定的申请,予以驳回。

根据上述规定,申请人提出再审申请,恳请上级人民法院拨乱反正,正确判决。

再审申请的事实和理由如下:

一、案件基本情况

1995 年 3 月初,被申请人(原审被告)××市××物资供销公司(以下称供销公司)为归还第三人 50 多万元欠款,出具了两份由"××大酒店"(后来被供销公司撤销)借款,由供销公司担保的向银行贷款的借款和担保的手续,"借款单位"、"担保单位"的公章、名章全部签就。供销公司法人代表在担保书中还特别批注:"限额

25万元”。供销公司对第三人说：给你2份贷款手续，你找银行，贷下款就顶了欠款。

同年4月和5月，第三人分别在原审原告××市××信用社（以下称信用社）和××市××信用社借款25万元。5月份在××市××信用社办理贷款手续时，根据那里的特殊规定，供销公司经理还应约到贷款现场被录像。

本案已经经过下列七次审判：

●1997年1月16日，××市人民法院（××）临民初字第××号《民事判决书》判决，“原、被告贷款手续合法”，供销公司应当承担归还借款责任。第三人是承办人，与供销公司的财产纠纷是“另一个法律关系”。

●1997年，××地区人民法院（××）临中法经终字第××号《民事裁定书》裁定发还重审。

●1998年5月10日，（××）临民初字第×号《民事判决书》判决，供销公司承担还借款责任。

●1998年9月16日，××地区人民法院（××）临中法经终字第××号《民事裁定书》。裁定：

1. 撤销（××）临中法经终字第××号《民事裁定书》，撤销（××）临民初字第××号《民事判决书》。

2. 确认××市人民法院（××）临民初字第××号《民事判决书》为发生法律效力的判决。

●1998年12月25日，××市人民法院（××）临民再初字第××号《民事裁定书》。裁定本案再审。

●1999年9月15日，××市人民法院（××）临民再初字第××号《民事判决书》。判决：维持××市人民法院（××）临民初字第××号民事判决。

●2000年7月27日，山西省××地区中级人民法院（××）临民终字第××号《民事判决书》，改判由第三人承担全部还款责任，成为冤案。

从2000年7月20日开庭审理，到2000年7月27日制作出判决书，只用1周时间，只用几笔工夫，××地区法院的一位法官便把××市人民法院反反复复经过“一审”、“重审”、“再审”，经历四五年时间的判决给翻了个个！

二、××省××地区人民法院（××）临民终字第××号《民事判决书》是一份审判程序错误，认定事实错误、适用法律错误的判决书

1. ××地区法院违反法定程序，影响了案件的正确判决。《中华人民共和国民事诉讼法》第四十一条规定“人民法院审理第二审民事案件，由审判员组成合议庭

合议庭的成员人数,必须是单数”。开庭审理此案的审判人员虽然是“单数”,而且是最小的单数,是“代审判员”一个人,但是,这违反了“由审判员组成合议庭”的法律规定。虽然在判决书上署名的还有“审判长”和另一位“代审判员”,但是他们没有参加开庭审理,他们是男是女?我不知道。他们怎样合议?我不知道。这个事实,我能证明。

法官在2000年7月17日到我家(我不在家),送达上诉人供销公司的《上诉状》副本,同时送达人民法院在2000年7月20日开庭审理的传票,也明显地违反了《中华人民共和国民事诉讼法》的基本规定。

2.该判决认定事实的主要证据不足,归纳以下几个问题申诉如下:

(1)关于梁××以惠丰大酒店名义贷款问题。

判决书说“本院认为,梁××以惠丰大酒店名义并由××物资供销公司担保在××市××信用社贷款25万元”。

我们认为,这个认定没有依据。

首先,这个认定是空穴来风,是法官自己的主观臆断。案卷中没有任何一份证据能够证明梁××个人以惠丰大酒店的名义贷款。

其次,“惠丰大酒店”里的那个“惠”字,不是“慧”,也不是“汇”,就是梁××的“惠”。为什么?因为这个当时在××市像样子的大酒店就是梁××这个小女子凭热情,凭干劲,凭吃苦,靠筹措资金,靠银行贷款,靠朋友帮忙,用了近一年的时间,一手装修、一手筹建起来的。大酒店隆重开张后,梁××经营了不到1个月,当时每天的营业收入达到1万多元!就在此时,东家供销公司红眼了,利用武力和权力强行把梁××的职务解除了。同时,还背了这5年的官司。这的确是一段悲惨的经历。每提起这件事,梁××就犯心脏病,面色发紫,就像得了神经病语无伦次。

本案事实是供销公司解除梁××经理职务之后,供销公司经理迫于社会各界对他强行收回大酒店的不当行为谴责的压力,也有自我反省和良心发现的善意,促使他作出了“以惠丰大酒店名义贷款,归还梁××投资款”的决定。因此,是供销公司“以惠丰大酒店名义贷款,归还梁××投资款”,而不是梁××“以惠丰大酒店名义贷款,归还梁××投资款”。

(2)关于梁××“被免职”问题。

判决书说“本院认为……在贷此笔款之前梁××已于3月15日被免职,故其并非作为惠丰大酒店负责人贷款”。我们认为,这个认定没有依据。本案的《担保借款合同》这个书证非常清楚地显示,此笔贷款的借款人是:惠丰大酒店。无论梁

××是否被免职，借款人都是“惠丰大酒店”，而不是他的“负责人”！我们不能把一个单位实施借款的民事法律行为理解为就是这个单位“负责人”个人的民事法律行为。这是个常识。同样，我们不能因为单位“负责人”的更换，而认定原来单位签订的合同就可以无效或者不予承认。这也是常识。常识还告诉我们，单位借款的“借款人”和“去借款的人”必然是两个“人”。“单位”这个法人，不会也不可能跑到或者打的到银行借款。到银行办理“单位贷款”的，只能是这个单位的人或者这个单位委派的代理人，亦即原审判决指出的“承办人”。我们决不能说，谁去为单位办理贷款手续，谁就是“以单位的名义贷款”！因为《中华人民共和国民法通则》规定“第六十三条公民、法人可以通过代理人实施民事法律行为。代理人在代理权限内，以被代理人的名义实施民事法律行为。被代理人对代理人的代理行为，承担民事责任”。

梁××在供销公司出具的盖有公章，盖有名章，并且特别注明担保“限额25万元”的授权范围内，完成了单位的借款事宜，完全符合该法条的规定。依照该法条“被代理人对代理人的代理行为，承担民事责任”是跑不了的。

(3)关于梁××“注册资金3万元改为30万元”问题。

供销公司说“梁还将注册资金3万元改为30万元”。我们认为，这个毁人之说没有依据。本案中，除了供销公司的歪理邪说，没有任何证据证明是梁××私自修改了注册资金。相反，我们从××市工商管理局调取的证据证明，是供销公司申请变更登记，增加了27万元注册资金。

(4)关于“公章及营业执照已登报作废”问题。

判决书说“本院认为……在此之前惠丰大酒店公章及营业执照已登报作废”。

我们认为“登报”是事实“作废”不是事实。

首先，公章的刻制，营业执照的领取，是国家机关的行政权力决定的事。不是企业自己想刻制就刻制，想领取就领取的事。同样，公章的作废，营业执照的作废，也是国家机关的行政权力决定的事。也不是企业自己想作废就作废的事。

其次，事实上惠丰大酒店的公章及营业执照着1997年底注销前始终没有“作废”。比如，在此笔贷款之后，同样是为了归还梁××的投资，惠丰大酒店在××市坂下信用社贷款25万元，由担保人供销公司经理亲自出席，并且亲自签署的《担保借款合同》上使用的还是那个公章，使用的还是那个营业执照。

3. 该判决适用法律确有错误。

我们认为，××省××地区人民法院(××)临民终字第××号《民事判决书》适用法律确有下列错误：

第一,整个一个"贷款纠纷"案件的判决书,竟然没有对涉案的最根本的《担保贷款合同》进行评价,原告××信用社赖以主张债权的《担保贷款合同》是合法?是违法?是无效?是有效?判决书一句话也没有说,甚至连《担保贷款合同》这6个字都没有连在一起地出现在判决书中。

我们认为,这是不适用法律的错误。

第二,判决书判决的唯一法律依据是《最高人民法院关于人民法院审理借贷案件的若干意见》(简称:若干意见)"十四、行为人以借款人的名义出具借据代其借款,借款人不承认,行为人又不能证明的,由行为人承担民事责任"。

判决书说:"行为人以借款人的名义出具借据代其借款,借款人不承认,行为人又不能证明由行为人承担民事责任。"从判决结果推断,这个"行为人"是指第三人梁××。如果是这样,那么就是法官弄错了。因为,为《担保借款合同》盖公章、盖名章,然后又出具担保书,并且在担保书上签注贷款限额等,实施这一系列"以借款人的名义出具借据"的民事行为的行为人,恰恰不是判决书认定的第三人梁××,恰恰是法官故意不愿意认定的供销公司经理!供销公司实施了出具借据的行为,还有证据在卷。

我们认为,虽然判决书单独适用《若干意见》判定此案显得有些单薄。但这不是主要问题。问题还在于:

《最高人民法院关于人民法院审理借贷案件的若干意见》第一条就明确规定:"一、公民之间的借贷纠纷,公民与法人之间的借贷纠纷以及公民与其他组织之间的借贷纠纷,应作为借贷案件受理"。判决书视而不见,但却又真实地存在地《担保贷款合同》证实:本案的借贷纠纷不是"公民之间的借贷纠纷",不是"公民与法人之间的借贷纠纷",也不是"公民与其他组织之间的借贷纠纷",而是其他组织与法人之间的借贷纠纷。因此,审理这个借贷纠纷不适用《最高人民法院关于人民法院审理借贷案件的若干意见》。

我们认为,这是适用法律的错误。

综上所述,申请人——多了干劲,少了脑筋的——梁××被他人利用,为他人没日没夜地操劳,包括无数次被食客"敬酒"灌得酩酊大醉!撑起了一个红红火火的大酒店,然后被他人拳打脚踢(这是真的),赶出门外,然后再给她套上几十万元债务的枷锁!

这样的结果有悖于情,有悖于理,有悖于法。

我们殷切希望以信用为本的××信用社说实话,款是贷给谁的?

我们无限恳请××省高院的法官救救这个冤屈的女人!

具状人：

2000 年 8 月 29 日

［评析］这篇文书结构基本正确。但是请注意里面有很多表述过分的口语化，这是不符合法律文书写作特点的，请仔细分析哪些是不合适的表述。

第四节 答 辩 状

一、答辩状的概念

答辩状是各类案件的被告一方或被上诉的一方，针对原告或上诉的一方的指控，所进行答辩的法律文书。根据案件的性质不同可以分为：民事答辩状、刑事答辩状（刑事自诉案件）、行政答辩状。

二、答辩状在下述两种情况下提出

1. 原告至第一审人民法院起诉后，被告针对起诉状提出答辩状。

2. 案件经第一审人民法院审理终结后，一方当事人不服一审判决，依法向二审法院提出上诉，被上诉方对上诉状提出答辩状。

三、答辩状的功用

1. 是当事人的一项重要的诉讼权利。

2. 便于人民法院全面的了解案情并及时做出公正裁判。

四、文书结构

民事答辩状

答辩人：×××

被答辩人：×××

答辩人因×××一案（或：答辩人因×××对×××一案所提上诉），依法提出（现）答辩如下：

此致

×××人民法院

答辩人：×××

××年×月×日

附：本答辩状副本×份

五、注意事项

(一)答辩理由的书写方式

1.如果起诉状或上诉状在事实的真实性、证据的可靠性和法律的适用上有问题，答辩状应针对有问题的部分进行反驳。

2.如果起诉状或上诉状所引用的材料或论证都站不住脚，那么答辩状就可以针对其材料的虚假和论证的错误，根据事实和法律进行反驳。

3.提出可以推翻对方诉讼请求的新事实进而推翻对方诉讼请求的结论。

(二)结尾部分

通常答辩主张的结尾部分再简要地强调一下，如“基于上述事实和理由，请求人民法院驳回原告(或上诉人)的全部请求”之类。

六、范文评析

答　辩　状

一、一审法院认定上诉人××公司改变了户型结构构成违约，影响了使用价值，据此承担“质量责任”而减少2%～3%房价款是符合事实和法律规定的。商品房的户型结构是上诉人和被上诉人在合同中明确约定的，而且也是被上诉人选择购买上诉人开发出售的商品房的一个重要的因素。被上诉人正是基于上诉人提供的商品房的结构户型能够满足自己的使用要求和居住目的，才在合同中与上诉人对户型结构作了特别的约定；否则，被上诉人不会选择购买上诉人发售的商品房。上诉人认为其对户型结构的改动并不大，未影响被上诉人的使用价值的观点明显错误的，房屋户型结构的变化将会直接影响房间的使用功能，这是众所周知的事实。这种损失虽然不能用货币来准确的表示出来，但是它们确是明显存在的，而且将会一直给购房人在这套房子里的生活带来不便。被上诉人正是根据所受损失的大小来提出的索赔请求，而一审法院也正是基于被上诉人所受到的损失而酌情主张了被上诉人的部分请求。

二、上诉人应当对其欺诈交房承担责任。上诉人认为其延迟交房是由于不可抗力所致，而事实上，上诉人在一审过程中既未提出过上述观点，亦未提交过有关证据，更未在所谓的“不可抗力”情况出现下及时通知被上诉人，现在进行二审，又突然冒一个“不可抗力”，确实让人难以理解。另上诉人还认为其交房行为不属于延迟交房，按照其逻辑，法律虽强制性规定交房要通过综合竣工验收，但只要上诉人采取欺诈手段蒙蔽被上诉人上当接钥匙，就视同被上诉人认可接房。简而言之，就是骗子骗了你，你还不能去告骗子，只能自认倒霉。同时，上诉人还认为其迟延交房并未给被上诉人造成损失，因而不必向被上诉人支付约定违约金。事实上我国《合同法》第一百一十四条对此类问题规定得非常清楚："当事人就迟延履行约定违约金的，违约方支付违约金后，还应当履行债务"。即是说明迟延履行违约金是一种惩罚性的违约金，并不以造成的损失大小来衡定，况且在一审过程中，上诉人对违约金是否过高只字未提（可见一审笔录），二审再来提，是否太晚了。值得一提的是××园另97户与本案27户的情况完全一样，只是另97户选择的是仲裁，结果是仲裁委按合同约定全额主张了97户的请求，而且已经从上诉人处顺利执行完毕。

三、一审法院判决上诉人承担广告欺诈责任符合法律规定。

上诉人在预售××园时，已经取得了各种规划手续，被上诉人对自己预售的房屋将来的状况应当是了如指掌，而正是在这种情况下，上诉人为了使自己开发的房屋能够畅售，不惜恶意夸大××园的环境，甚至将根本不能修建的部分公共环境设施进行虚构宣传，诱使被上诉人购买，其行为完全符合《民通意见》第六十八条之规定："一方当事人故意告知对方虚假情况，或者故意隐瞒事实情况，诱使对方当事人作出错误意思表示的，可以认定为欺诈行为"。故上诉人的所作所为已经完全构成欺诈，既是欺诈就理当承担法律责任。至于变更权的除斥期间的问题，本案涉及的变更权是根据合同法的规定，受欺诈一方可以行使变更权，而《合同法》中对变更权并无一年除斥期的规定，因此只能按《民法通则》的原则来确定其诉讼时效为2年；而上诉人提到的《民通意见》第七十三条的规定是因显失公平和重大误解两种民事行为的变更权的除斥期，《民法通则》中把欺诈行为规定为无效民事行为，不存在变更权之说，所以《民通意见》第七十三条根本不能适用于本案。

××律师事务所 律师

二〇〇三年七月二十五日

［评析］本答辩状在结构上存在一定的不完整性，缺少答辩状首部。此外，本答辩状对上诉人上诉理由进行了部分有针对性的答辩，对理由的阐述不够充分。

第五节　辩护词、代理词

第一部分　辩　护　词

一、辩护词的概念

辩护词，是刑事案件的被告人或上诉人的辩护人在法庭辩论阶段依法为被告人所作无罪、罪轻或者减轻、免除刑事处罚的论辩性演讲稿，也是一种具有法律意义的法律文书。

二、辩护词的功用

1. 维护被告人或上诉人合法的权利。
2. 便于法庭审理刑事案件。
3. 法制宣传的有效武器。

三、辩护词的格式

没有固定的辩护词格式。

四、辩护的重点内容

1. 针对犯罪事实。
2. 针对定罪：
   - 无罪与有罪
   - 此罪与彼罪
   - 主犯与从犯
3. 针对量刑：
   - 主观恶性的大小
   - 有无自首、立功变现
   - 有无悔罪表现
4. 程序问题：
   - 管辖
   - 当事人或辩护人的合法权利是否受到侵害
5. 情理方面。

五、辩护的思路

1. 欲进先退，后发制人。
2. 针锋相对，据理力争。
3. 借题发挥，宣传法制。

六、范文评析

请参考有关“辩护词”范文。

［范文一］

辩护词

尊敬的审判长、审判员：

受被告人××集团公司委托，我作为被告人××农牧集团公司的辩护人，现依据庭审调查的事实和质证的证据，发表如下辩护意见：

一、公诉人所指控的××公司的行为属于合乎民事法律规范的民间借贷行为

首先，从形式上看，××公司的借贷行为有××公司出具的“借据”为证。公诉人已经提供了大量这样的借据，其主要内容包括作为抬头的“借据”字样，出借人姓名、借款数额、借款利率、借款期限以及借款人××公司的财务印章。从借贷关系主体来看，这是A公司向自然人借款的合同。

其次，从有关司法解释来看，××公司借贷主体以及借贷利率合法。1991年《最高人民法院关于人民法院审理借贷案件的若干意见》第一条明确规定“公民与法人之间的借贷纠纷以及公民与其他组织之间的借贷纠纷，应作为借贷案件受理”；1999年《最高人民法院关于如何确认公民与企业之间借贷行为效力问题的批复》中明确规定“公民与非金融企业之间的借贷属于民间借贷，只要双方当事人意思表示真是既可有效”。由此可见，企业是完全有权向个人借贷的，××公司作为企业具有向个人借贷的民事权利能力，借款主体合法。

《最高人民法院关于人民法院审理借贷案件的若干意见》第六条规定：“生产经营性借贷利率不得高于国家银行同类贷款利率的4倍”；《中国人民银行关于取缔地下钱庄及打击高利贷行为的通知》第三条规定：“民间个人借贷利率由借贷双方协商确定，但双方协商的利率不得超过中国人民公布的金融机构同期、同档次贷款利率的4倍”。从借据上看，××公司借款约定的利率大都是银行贷款利率的1倍多，不超过2倍。因此，××公司对外借款对利率的约定并不违法。

第三，从实质内容来看，××公司的确是借款供自己发展生产以及办教育使用，而不是挪作他用或者转贷给他人。××公司在孙××先生带领下多年来勤勤恳恳发展生产，在一片荒地上建起了如今资产上亿元的××集团。在民营企业普遍贷款难背景下，民间借贷为××公司成长提供了有力的保障。

二、××公司的借贷行为基本上局限在员工、员工的亲朋好友以及有经常经济往来的临近乡亲中间

出于防范金融风险以及公序良俗的需要，我们当然认为民间借贷需要规范。这些规范除了前面提到的最高人民法院司法解释以及人民银行通知涉及的借款主体、利率的限制之外，还包括1998年国务院第247号令颁布的《非法金融机构和非法金融业务活动取缔办法》。该《取缔办法》把"向不特定社会公众"借款的行为界定为"非法吸收公众存款"并决定给予取缔和制裁。

且不论该行政法规对"非法吸收公众存款"的界定是否合理——我们将就此问题在后面进一步阐释，至少可以确定的是，该行政法规并没有清楚界定到底什么是"向不特定社会公众"借款的行为，更没有充分考虑和民法上的借贷关系相冲突的问题。公司的员工算不算不特定社会公众？员工的亲朋好友算不算"不特定社会公众"？与公司有经常性经济往来的附近村民算不算"不特定社会公众"？没有任何法律依据能够证明公司借款的边界到底应该在哪里。既然没有这样的法律依据，那么公诉方凭什么认定"非法"的数额？

××公司成长在中国农村，借款对象绝大部分都是与公司员工有着沾亲带故的关系或者他们是××公司的客户——很多农民每年都把自己产出的玉米卖到××公司，事实上××公司所谓的"吸收存款"也正是从村民挑来玉米暂时不领走现金开始的。从我国的现实国情出发，对于一个成长在中国农村的企业来说，这些沾亲带故的或者有着业务往来的周边村民就属于"特定对象"，属于合法的借贷范畴。

针对公诉人提出的涉及523户总计1 400多万元的"非法吸收公众存款"，我们经过了部分取证查明，其中有283户与××公司员工有亲友关系或者有经常性业务往来。我们认为，这些农户都属于××公司合法的借贷对象。

需要指出的是，我们的调查取证工作遇到了重重人为设置的障碍。……对此，我们对本案证据保留提出质疑的权利，同时对与公诉人认定的"非法吸收公众存款"数额持不同意见。

至于××公司"非法"借贷的范围最后如何确定，无论数额到底是多少，我们认可依据至今仍然有效的《非法金融机构和非法金融业务活动取缔办法》进行的处罚。但是，我们必须提请有关行政机关在进行行政处罚的时候，应当注意到行政法

规和民法中民间借贷相矛盾的事实，从根本上说，是法律内在的矛盾导致当事人触犯了法律。事实上，××公司决定在附近村庄借款的时候，也曾经咨询过法律专业人士并且已经按照律师意见进行了规范，这说明被告人已经尽了注意的义务，至少说明，被告人不具有违法的“故意”。

三、××公司的借贷行为不应当列入刑法调整的范畴

××公司的借贷行为即使部分违反了《非法金融机构和非法金融业务活动取缔办法》，也应当属于行政处罚的范畴，而不属于刑法调整范畴。

首先，非法吸收公众存款的罪名含义不清，根据罪刑法定原则，不能做扩大解释，一些学理的以及行政法规的解释不能适用于刑法。公诉人起诉的依据是我国刑法第一百七十六条，该条规定“非法吸收公众存款或者变相吸收公众存款，扰乱金融秩序的，处 3 年以下有期徒刑或者拘役，并处或者单处 2 万元以上 20 万元以下罚金；数额巨大或者有其他严重情节的，处 3 年以上 10 年以下有期徒刑，并处 5 万元以上 50 万元以下罚金“。但是，该条并没有解释什么行为属于“非法吸收公众存款或者变相吸收公众存款”，也没有相应的司法解释。

司法实践中，有的司法机关援引国务院《非法金融机构和非法金融业务活动取缔办法》关于“非法吸收公众存款或变相吸收公众存款”行为的界定做出了“非法吸收公众存款罪”的认定，××县人民检察院就本案提起的第一次起诉中就是做出了这样的认定。但是，根据我国宪法第六十七条以及相关法律的规定，解释法律的权力属于全国人大常委会，国务院对于法律无权做出解释，因此 1998 年颁布的《非法金融机构和非法金融业务活动取缔办法》对非法吸收公众存款或者变相吸收公众存款行为的界定不应当适用于 1997 年生效的刑法有关条文，如果法院援引国务院的行政命令做出涉及人身自由的刑事判决是违背我国宪法精神的。值得注意的是，××县人民检察院就本案提起的第二次起诉即本次诉讼中没有提到《非法金融机构和非法金融业务活动取缔办法》，这是一个明显的进步。

但是，无论是否援引国务院的行政法规，在“刑法”上如何认定“非法吸收公众存款或变相吸收公众存款”的行为始终是一个有待解决的问题。

《中国大百科全书》对“存款”的解释是：“存款人在保留所有权的条件下，把使用权暂时转让给银行的资金或货币，是银行最重要的信贷资金来源”；《金融大辞典》对“存款”的解释是：“存款人按信用原则存入银行或其他金融机构账户上的货币。存款是筹集信贷资金的一种重要形式，是从事信用活动的基础”，其他各类辞典对存款的解释也大都如此。由此可以看出，所谓“存款”是一个金融概念，对应的是贷款，没有贷款也就无所谓存款。一种货币能不能被称为“存款”，不在于普通村

民对它怎样理解，而在于货币的实际用途，如果没有被用作贷款，就不是存款。

应当注意的是，《非法金融机构和非法金融业务活动取缔办法》是在亚洲金融危机的背景下出台的，本身就已经将非法吸收公众存款的概念扩大化，把大量的正常的民间借贷行为列入了打击范围，这种扩大化在今天已经造成一定负面影响。正是这个行政法规误导了“存款”的概念。现在，如果继续保持“严打”的态势并把该行政法规对“存款”的解释上升到刑法的高度，显然是不合时宜的。

我们认为，刑法第一百七十六条打击的可以是既存又贷的事实金融行为，而不应当是广泛的民间借贷，不应将其盲目扩大解释。××公司借钱供自己发展的行为可以做出某些规范——比如规定借款不得超过自有资产的一定比例，但不应当列入“非法吸收公众存款”的行列，尤其是不应当列入刑罚打击范畴。

其次，还应当指出的是，××公司的行为没有造成社会危害。公诉人指控××公司的行为扰乱了金融秩序。从逻辑上讲，任何民间借贷行为都会造成金融机构资金流减少，也就可以被广义地理解为扰乱了金融秩序，但是很显然，这样如此广义理？扰乱金融秩序“是荒唐的，因此，我们不能仅仅根据某些金融机构吸储数额减少就认定扰乱了金融秩序。金融的本质是信用，××公司的信用状况以及资产负债比率远远优于周边的农信社，从根本上说，与其他农村金融机构相比，××公司的借贷行为算不上扰乱金融秩序。

××公司把附近村庄闲散资金集中起来用于发展生产和教育，造福地方百姓；与此相对应的，农信社、邮政储蓄所等一些金融机构却把当地农村有限的资金收集起来输往城市，对农村发展造成负面影响。××公司的行为不仅没有危害社会，而且造福了社会。直到××三兄弟被拘捕之前，××公司一直经营良好，我们知道企业融资需要规范，但规范必须考虑到中小民营企业的生存现实以及中国农村的现实，至少，对于这样一个优秀的民营企业，运用刑罚来摧垮它不符合刑法的目的。总之，要客观理性看待经济改革过程中出现的新问题，要慎重对待国务院《非法金融机构和非法金融业务活动取缔办法》和民事法律相冲突的问题，尤其需要慎重对待经济发展过程中的罪与非罪的问题。××公司利用民间闲散资金办起了企业和学校，解决了1 500多人的就业问题，每年要给周围邻村村民发出600多万元的工资，造福一方百姓；××本人勤俭节约，至今住在××公司集体宿舍，其80多岁的父母至今仍坚持劳动，每到传统节日，周边村庄的老人都会受到公司的帮助。我们在很多村庄里调查的时候，常常为一个企业家能够得到周围百姓如此广泛的拥戴而感到吃惊，有的从没有见过××面的老人说起××的遭遇甚至流下了眼泪。如果说法律非要严厉打击这样造福百姓品德高尚的人，那么法律本身就是有问题的。

法律固然有它的稳定性，但法律也必须考虑到以经济建设为中心的改革开放的时代背景，一些不合时宜的计划经济严重地阻碍经济发展的法律法规应当成为改革的对象，而不应当提升其地位直至用来解释刑法。

最后，我们提请法院准确理解刑法第一百七十六条规定的“非法吸收公众存款或变相吸收公众存款”的含义，正确适用法律依法作出判决。[①]

[范文二]

律师一审辩护词

辩　护　词

尊敬的审判长、审判员：

××律师事务所依法接受××省法律援助处的指派，并征求被告李××本人的同意，决定由本律师以被告李××辩护律师的身份参与今天的庭审及辩护活动，自接受指派以来，本律师查阅了所有涉案材料，并会见了被告李××，从而对本案事实有了充分的了解，通过今天的庭审调查更使本律师对本案事实及证据有了全面的掌握，在此基础上结合本案特点及我国法律相关规定，发表辩护意见如下：

在发表辩护意见之前，本律师对孙××的不幸遭遇对其家属深感同情，对孙××的死亡感到惋惜，同时被告人李××也委托本律师对其行为造成孙××本人极其家属肉体及精神上的伤害表示深深的歉意和真诚的忏悔。

××市人民检察院×检公一诉[××]××号起诉书以被告李××涉嫌故意伤害罪提起公诉，本律师认为公诉机关认定事实清楚、证据确实充分，定性准确，没有异议，但是综观本案事实及李××在本案中的作用、地位、特别是他与被害人孙××同为被收容救治人员这样一个特殊身份的身份来看，本律师认为被告李××具有法定的从轻、减轻情节，下面本律师为被告李××做有罪从轻、减轻辩护，请合意庭在对被告量刑时给予充分考虑：

一、被告李××属“胁迫犯”，依法应减轻处罚：

本律师注意到公诉机关在起诉书中两次有这样的表述“被告人乔××到206室窗边向室内的被告人李××等人直接‘授意’”，我们认为这个“授意”和一般的或者说普通的共同犯罪中的“授意”是不同的，这个“授意”存在明显的胁迫的成分，因为乔××是广州市收容人员救治站护工与“被授意”者李××是一种特殊的“管理与被管理”的关系，而这个管理职能在这些护工手里被极度的恶意膨胀，变成他们

---

①摘自 http://www.cnlawyer.cn/

发泄心中不满，伤人抢物的工具，根据被告何××的供述，这里的被收容人员“你一进去，里面的护工就让仓头打你一顿，这叫过仓规，之后又打你，问你是否可以打电话让家属送钱过来，那些护工明白地告诉你，只要你让家属送钱来，他就可以保证不让人打你，否则就有你好看的”，本案中其他的嫌疑人在供述中都不约而同地反映了类似情况，这些护工心目当中被管理者是“仓”里的犯人而非被收容的救治人员，这些人的生死完全掌握在他们手里，他们身着“迷彩服”手持“警棍”，随时可以让“不听话”的人“站着进来，抬着出去”，辩护人在此要强调的是通过本案暴露出该站的护工利用职务之便长期、持续地对被收容人员进行殴打，在他们心目中打死被收容人员“打死都无所谓，就像死了一只蚂蚁一样”，从他们要求打人不要打“出血”，就可以看出他们对打人是很有经验的，被收容人员的吵闹、正常的反映情况，甚至不给他们送财物都可以构成殴打的理由，用“顺我者昌、逆我者亡”来形容他们的暴行是一点也不过分的，审判长、审判员，本案案发地是收容站救治站，属于收容站的组成部分，根据《××省收容遣送管理办法》第十四条规定“不得有体罚、虐待、侮辱、被收容人员”、第十五条规定：“被收容人员的人身及财产权益受法律保护”但我们遗憾而震惊的发现，该收容站根本就没有做到上述规定的要求，而是变成了一个被收容救治人员的一场噩梦之床，用被告何××的话来讲就是“太黑暗了”，被收容人员在此战战兢兢，对护工的话是言听计从，根本就无半点反抗的能力，从本案所有被收容的被告的笔录上来看，在侦查机关问他们为什么要打被害人时，所有的人的回答竟然惊人的相似，也就是包括李××在内的被告，殴打被害人孙××的理由都极其简单，那就是“如果我们不打他，护工就要打我们”从被告李××的2003年5月14日的供述上来看，甚至在打完以后护工还不满意，将其带离206室进行恫吓，此时，李××对护工说“你要不也打我几下吧”，恐惧、讨好之情溢于言表。审判长、审判员，本案可以看出该救护站的护工经常殴打被收容救治人员是一个不争的事实，李××等被起诉的被收容人员因不想自己成为下一个被杀死的“蚂蚁”，在求生的本能支配下，惧于护工的淫威，不得不选择听从护工吩咐而保全自己的方法，除此以外，他们能有其他选择吗？没有！被动地服从于护工的胁迫是他们唯一的选择，尽管他们知道可能出现的结果，尽管他们和被害人远日无冤，近日无仇，尽管这样做是违背他们的真实意愿的，但他们不得不这样做，因为在这样充斥着暴力的地方，他们不过是护工手里的一个伤害他人的工具而已，周××的供述最能说明他们的心态，周××在2003年5月15日的供述中讲到“那个男子跪在水泥床的中间的地上求饶，让我们不要打了，但是李××说‘是护工哥让我们打你，我们不打你，护工哥就会打我们的’周××本人也认为必须要打到护工‘满意’为止”，当打完第一次后，被告吕××走到206室，在窗外向里面人员表示打得不够狠，并举起双拳要求必须狠狠地打，这样又发生了第二次殴打事件，可见在被收容救治人员心目当中，护工满意不满意作为他们行为的唯一出发点，一定要打到护工满意为止，况且他们都知道护工正在通过电视上监控他们，他们的一举一动都在护工的眼皮底下。审判长、审判员，今天作为李××的辩护人我也要在此谴责他们这种损人利己的行径，同时对于他们作为一个完全刑事责任能力人所依法应负的法律责任也并不回避，但是，本律师恳请合议庭能设身处地地站在他们的角度，来考虑他们在本案中所处的被胁迫的地位，从而作出一个符合客观事实的判决，根据《中华人民共和国刑法》第二十八条的规定"对于被胁迫参加犯罪的，应当按照他的犯罪情节减轻处罚或免除处罚"，因此，辩护人建议合意庭在认定其为胁迫犯的基础上根据他的犯罪情节对被告李××作出减轻处罚的量刑，刚才公诉人认为206室内的8人是出于假象将会受到殴打而去殴打他人，是没有事实依据的，在救治站内的所见所闻和被收容人员的经历，清楚地表明如果没有按照护工的安排去做，将会发生什么结果。刚才公诉人也在法庭上明确指出，当本案的被告胡××听到乔××和乔某某商量将孙××转房时，就已经知道孙一定会被殴打，从此也可见，孙××被调进206房后，他的命运是不可以改变的。

二、犯意的产生和提出与被告李××等被收容人员无法律上的联系，且他在实行过程只是执行者之一，无证据能够证明被害人死亡的结果是其伤害行为所直接造成的，依法不应是主犯。

在我国刑法理论中，犯意直接反映被告的主观恶性程度，对量刑起到很重要的作用，就本案而言，被告李××与被害人孙××同为被收容救治人员，原来根本就不在一个房间，又有护工人员的电视监控，辩护人注意到李××和孙××是根本不相识的，连名字都不知道，只是以"湖北"相称，双方之间可谓既无新仇又无旧怨，更不存在临时"起意"，如果没有护工的"授意"和提供作案的方便和条件，李××等人根本就不会有伤害他们的"想法"和"机会"，本案中孙××之所以被伤害致死的起因，最重要的就是护工对其"打小报告"和"吵闹"，很"生气"，从而指使李××等对其"教训、教训"，可见犯意的产生和提出完全与被告李××等被收容人员无关，他们在收容站这个特殊的场合不过是被动执行护工的犯意而已，因为如何打，什么时候打，打到什么程度，以什么方式打都是由护工来决定，第一次殴打如此，第二次殴打也是如此，而且就殴打行为本身而言，被告李××除了代传和共同执行授意以外，并无与其他参与打人的被告有特别的不同，同时也没有任何证据能够证明被害人孙××死亡的结果就是被告李××的行为所造成的，如果仅以此就认定被告李

××在共同犯罪中起主要的作用，显然是一种客观归罪，是不符合我国刑法所规定的主犯构成要件的。恳请合意庭根据李××在本案的地位和作用，作出对其"罚当其罪"的判 决。

三、造成被害人的死亡原因是多方面的，属于"一果多因"，依法应按各自因素在造成死亡结果中所起的作用，给予相应的处罚：

本律师有理由认为造成被害人孙××死亡原因并不是李××等被收容人员的行为单方面原因所能够形成的，而是属于刑法理论中的"一果多因"。具体来讲，包括了这么几个方面的因素，第一，从尸体解剖检验结果来看，并未能证实被告李××等被收容人员的打击是造成被害人孙××死亡的直接原因，因为尸体解剖分析很注重提到"背部可见多处条形下出血"，审判长、审判员，通过法庭的审理，我们清楚地知道，所有参与打人的被收容人伤害被害人孙××时用的都是拳脚，而没有使用任何的器具的，众所周知，拳脚是可以伤害致人死亡，但是拳脚绝对不可能在死者的背部形成"条形"的痕迹，今天的庭审也未能查清伤痕的来历，结合本案的实际情况来判断，这些致被害人死亡的"条形"形成的原因只能是206室内8人以外的打击形成的，因为首先尸体解剖报告标明条形大小分别为16 cm×0.3 cm、12 cm×0.3 cm、87 cm×0.3 cm、75 cm×0.3 cm，审判长、审判员，这些带有显著特点的伤痕尺寸绝非被收容救治人员所能造成。根据所有被告的供述我们知道，被害人在两次殴打后，神志、语言是完全清醒的，是自己走到205室的，走时也没忘带上自己的被子，还能自己上厕所，根据李××和其他被告供述，孙××被调走后，有护工拿着警棍跟了进去，他们还听到孙××的"惨叫"，辩护人所强调的是被害人被"反复"打击，除了李××等人在206室的殴打外，在调到206之前在201房间被告人乔××就在201房间对其进行了殴打，此点可以从2003年5月14日被告乔××供述得到印证"我自己一个人上去201房……我进去用右脚往孙××的小腹部踹了好几脚，我再上去用右脚往他的肩膀和背部踹了好几脚，这时孙××便跪在地上，面向我求我不要打他，我当时不理他，再往他的肩部及背部多踹几脚"，可见对孙××的殴打是一个阶段性的持续过程，包括了在206房间李××等人对他的殴打，也应包括在调入此房间之前和之后护工对其的殴打，因此辩护人有理由认为造成被害人孙××死亡原因并不是李××等被收容人员的行为单方面原因所能够形成的，虽然现在无法查清究竟是那一次打击造成了致死性的伤害，但从尸检报告所反映出的情况来看，真正造成被害人孙××死亡的原因，极可能是护工而非李××等人的行为造成的。

我们相信人民法院会"重证据、重调查研究"，对本案孙××的致死原因作出公正的结论，相信这样，对我的当事人李××等是公正的，对死者也是公平的，也符合我国刑法所规定的“罪责自负”的原则。

第二，没有及时抢救是造成被害人死亡的另外一个重要的原因。根据起诉书反映的时间，孙××被打是2003年3月19日的1时许，可是被发现伤重而抢救的时间却是在此10个小时以后，在这长达10个小时的时间里，被害人被抛弃在205房间与十多名精神病患者同处无人过问，显然作为护工和该机构在这个问题上存在着严重的过错，而我的当事人作为没有人身自由的被收容人员即便想抢救他也是不可能的，虽然辩护人注意到有一份《关于孙××损伤与预后的讨论意见》中表明“即使积极医疗抢救，也不一定能抢救成功”，辩护人不是医疗的专业人士，但是我们认为如果真的抢救及时这个“不一定”也许就会转化为成功，因为如果不拖延10个小时，在“心、脑、肺、肝、肾、脾”仅仅“淤血”，而“未见致死性病理改变”的情况下，对一个27岁血气方刚的年轻人来讲，难道生命就真的这样轻易逝去吗？辩护人认为10小时的拖延也是造成被害人死亡的重要原因，客观来讲这个拖延完全是收容站及其工作人员的原因，而是和我的当事人无关的，所以辩护人认为被害人的死亡是一个综合因素共同导致的，只有对此问题进行客观的认定，才能作出客观的判决，对此我们相信人民法院会查清事实，按各因素不同、不等的作用作出一个公正的判决。就(03)×公刑技法字第××号《法医学鉴定书》的一些疑问，本律师在质证过程中已经详细地提出，在此不再详述，请合议庭在合议时予以注意和重视。

以上是我的辩护发言，请合议庭慎重考虑并采纳，最后辩护人谈一点案外的意见，通过新闻媒介，我们知道本案发生后引起中央和省市领导的高度重视，并做了专门的“批示”，我们相信这对于本案的及时审理必将起到良好的作用，同时辩护人也相信人民法院一定会在独立办案这一神圣的原则指导下，依照事实、依据法律作出一个公正的判决，辩护人对此深信不疑，我和我的委托人期待着这样的一个判决。(完)

律师××

[范文三]

律师二审辩护词

辩 护 词

尊敬的审判长、审判员：

××律师事务所依法接受××省法律援助处的指派，由本律师担任被告李××涉嫌故意伤害(致死)一案的一审辩护律师，一审法院以(××)×中法刑初字第

××号《刑事判决书》认定其犯故意伤害罪，判处死刑，缓期两年执行并剥夺政治权利终身。被告人李××不服判决，已经提起上诉，并请求由本律师继续担任他的二审辩护人，接受委托后，××律师事务所指派本律师担任其二审辩护人。为彻底理清案件事实，以便被告人充分得到一个“罪责相适应”的判决，本律师在原审认定事实的基础上结合本案特点及我国法律相关规定，尤其是针对一审判决中对被告李××犯罪行为的认定和罪责的处理，发表二审辩护意见如下：

一、被告李××确属“胁从犯”，这是大量客观事实所得出的结论而非主观臆测，依法应予认定：

一审判决中在关于各被告人辩解及辩护人的辩护意见部分认为“经查，被告人乔××、吕××虽然有指使李××等被告人伤害被害人孙××的行为，但各被告人以此认为系被被告人乔××、吕××胁迫没有证据——故上述被告人及其辩护人所提意见据理不足，不予采纳”。也就是原审法院认为“指使”不能与“胁迫”等同，本律师认为仅从文字表面上的上区别来判断行为的性质是没有实际意义的，关键是要看是什么人、在什么环境下、对何人“指使”，本律师仍然坚持认为在这个“无法无天”的救治站中，这种极度暴力的护工的“指使”和一般的或者说普通的共同犯罪中的“指使”是有天壤之别的，这个“指使”存在明显的胁迫的成分，这绝非是被告人及辩护人的主观臆测而是基于大量证据所得出的客观结论：

首先，我们通过各被告的供述就知道这个“救治站”是一个什么样的生存环境，根据被告何××的供述，这里的被收容救治人员“你一进去，里面的护工就让仓头打你一顿，这叫过仓规。之后，又打你问你是否可以打电话让家属送钱过来，那些护工明白地告诉你，只要你让家属送钱来，他就可以保证不让人打你，否则就有你好看的”，被告李××在卷宗第 33 页中也供述“我们主要讨好护工，如果不讨好，我们也会挨打，被关进来的人没有不被打的，除非护工先打招呼，否则都要挨打，据我所知一区 206 房是专门打人的地方，被打之后，再把被打的调出去”，本案中其他的嫌疑人在供述中都不约而同地反映了类似情况。所有的事实都表明被收容救治人员在这里所得到的“待遇”是一种处在暴力阴影下的非人待遇，这直接导致他们的“心态”就是对护工的“指使”只能唯命是从。

其次，我们可以从护工的语言和行为中判断出他们是如何看待和对待被收容救治人员的，辩护人注意到这些护工在数次的供述中都把收容的房间，称为“仓”，就连(隐去七字)向检察院提交的《提请批准逮捕书》中也使用了“仓”，而所有的人都知道“仓”是关押犯罪嫌疑人和被告人地方的特指，可见被收容救治人员在这些护工心目当中是“仓”里的犯人而非被收容的“救治”人员，这些人的生死完全掌握在他们手里，他们身着“迷彩服”手持“警棍”，随时可以让“不听话”的人“站着进来，抬着出去”，辩护人在此要强调的是通过本案暴露出该站的护工利用职务之便长期、持续地对被收容救治人员进行殴打，在他们心目中打死被收容救治人员“就像死了一只蚂蚁一样”；从他们要求打人不要打“出血”，就可以看出他们对打人是很有经验的，被收容救治人员的吵闹、正常的反映情况，甚至不给他们送财物都可以构成殴打的理由，用“顺我者昌、逆我者亡”来形容他们的暴行是一点也不过分的。审判长、审判员，本案案发地是收容救治站，属于收容站的组成部分，《××省收容遣送管理办法》中的第十四条规定“不得有体罚、虐待、侮辱被收容救治人员”、第十五条规定：“被收容救治人员的人身及财产权益受法律保护”，但我们遗憾而震惊的发现，该收容救治站根本就没有做到上述规定的要求，而是变成了一个被收容救治人员的噩梦之床，用被告何××的话来讲就是“太黑暗了”，被收容救治人员在此战战兢兢，对护工的话是言听计从，根本就无半点反抗的能力，从本案所有被收容的被告、包括李××在内的被告的笔录上来看，在侦查机关问他们为什么要打被害人时，所有的回答竟然是惊人的相似，殴打被害人孙××的理由也都极其简单，那就是“如果我们不打他，护工就要打我们”。从被告李××的 2003 年 5 月 14 日的供述上来看，甚至在打完以后护工还不满意，将其带离 206 室进行恫吓，此时，李××对护工说“你要不也打我几下吧”，恐惧、讨好之情溢于言表。审判长、审判员，本案可以看出该救护站的护工经常殴打被收容救治人员是一个不争的事实，李××等被起诉的被收容救治人员因不想自己成为下一个被杀死的“蚂蚁”，在求生的本能支配下，惧于护工的淫威，不得不选择听从护工吩咐而保全自己的方法，除此以外，他们能有其他选择吗？没有！被动地服从于护工的胁迫是他们唯一的选择，尽管他们知道可能出现的结果，尽管他们和被害人远日无冤，近日无仇，尽管这样做是违背他们的真实意愿的，但他们不得不这样做，因为在这样一个充斥着暴力的地方，他们不过是护工手里的一个伤害他人的工具而已，周××的供述最能说明他们的心态，周××在 2003 年 5 月 15 日的供述中讲到“那个男子跪在水泥床的中间的地上求饶，让我们不要打了，但是李××说‘是护工哥让我们打你，我们不打你，护工哥就会打我们的’周××本人也认为“必须要打到护工‘满意’为止”，当打完第一次后，被告护工吕××走到 206 室，在窗外向里面人员表示打得不够狠，并举起双拳要求必须狠狠地打，这样又发生了第二次殴打事件。可见在被收容救治人员心目当中，护工满意不满意作为他们行为的唯一出发点，一定要打到护工满意为止，况且他们都知道护工正在通过电视上监控他们，他们的一举一动都在护工的眼皮底下，公诉机关所谓的“被告人是出于假想将会受到殴打而去殴打他人”是没有事实依据的，通过被告的供述和法庭审理查明的情况来看，我们清楚地知道如果没有按照护工的安排去做，将会发生什么结果。就连公诉人也在法庭上明确指出，当本案的被告胡××听到乔××和乔某某商量将孙××转房时，就已经知道孙一定会被殴打，由此可见，他们都知道这些被收容救治人员会对他们“言听计从”的。事实也证实了这一点，因为如何打，什么时候打，打到什么程度，以什么方式打都是由护工来决定，包括李××在内的被收容救治人员在收容救治站这个特殊的场合不过是被动执行护工的“授意”的工具而已。其他的证人证言也能充分地证明李××等人受“胁迫”绝非假象，根据乔××的交代（见卷宗53-56页）在打孙××前他曾殴打过一个病人，他也曾亲眼目睹过护工（隐去姓名）将一名女病人殴打致重伤，此事也得到同案人乔某某的证实（见卷宗123页），护工（隐去姓名）只是被“批评了几句”；张××在案件侦查过程中也向公安机关检举此事。张××是18日被送到救治站的，也耳濡目染了这些骇人听闻的事情，其他人在救治站里的感受就可想而知了，何时这种事情会发生在自己身上呢？除了护工没有人知道！这种被“胁迫”的状态难道是假象吗？公诉人当庭宣读的公安机关协查此事的结果是：没有此事。难道乔××和乔某某都同时诬告陷害何××吗？本律师只能认为：在救治站发生这种事情多如牛毛，一是不足为奇，二是官官相护，把事情给掩盖了。

“胁迫”在我国刑法理论上是指“迫于他人的暴力威胁或者精神强制才作出犯罪的选择，参加了共同犯罪的实施”，上述护工的行为难道对这些被收容救治人员还不构成“暴力胁迫”、还不构成“精神强制”吗？审判长、审判员，作为李××的辩护人我也要在此谴责他们这种损人利己的行径，同时对于他们作为一个完全刑事责任能力人所依法应负的法律责任也并不回避，但是，本律师恳请合议庭能设身处地地站在他们的角度，来考虑他们在本案中所处的被胁迫的地位，从而作出一个符合客观事实的判决，根据《中华人民共和国刑法》第二十八条的规定“对于被胁迫参加犯罪的，应当按照他的犯罪情节减轻处罚或免除处罚”，因此，辩护人建议合议庭在认定其为胁从犯的基础上根据他的犯罪情节对被告李××作出减轻处罚的量刑。

二、何人、何因直接导致被害人孙××死亡至今无科学的、令人信服的解释，以目前的证据，不能排除有其他原因造成的可能，原审对被告李××的量刑过重，应本着“疑罪从轻”的原则对其作出从轻的处罚。

本案为故意伤害（致死）罪，按照我国刑法理论与实践，本罪所考察的重点就应是“是什么人，什么原因”导致被害人死亡，只有查清这两个问题才能对被告作出“罪责相适应”的判决，本律师认为现有的证据还不足以证实是什么人、什么原因导致被害人死亡的，一审判决认为“被害人孙××虽然是在各被告人伤害后经过一段时间才抢救无效死亡，但现有的证据显示在该时间段内被害人孙××并无再受任何其他暴力打击，也没有证据证实被害人孙××在进206室之前或离开206房之后曾被殴打致背部受伤，也没有证据能够证实被告人系延误抢救导致死亡的，因此认定孙××的死亡结果是206室内的各被告人造成的依据是充分的”，本律师认为对这段认定至少应在法律上做这样的理解：

第一，一审法院得出这样的结论的前提条件是“以现有的证据”也就是说“现有”的证据会得出这样的结论，但不排除还存在“现有证据”以外的其他证据的“可能”，而其他证据还“可能”推翻现在的结论，在这种情况下就认为结论是“充分”的显然是不足的，因为刑事案件的判决要求是“事实清楚，证据确实、充分，足以认定”从现有的情况来看，至少做不到这一点。

第二，原审法院认为没有证据可以证明被害人进206房之前或之后有曾被殴打过背部，这句话所包含的基本含义就是原审法院也认为被害人孙××有被“打”的情况，只不过是没有“打后背”的“证据”，但被打是事实，本律师认为原审法院这样做不但违背了“重证据、重调查研究”的基本原则而且连被告（乔××）所做的对自己不利的证据都不给予认定，根据2003年5月14日（卷宗第九页）被告乔××供述“我自己一个人上去201房——我进去用右脚往孙××的小腹部踹了好几脚，我再上去用右脚往他的肩膀和背部踹了好几脚，这时孙××便跪在地上，面向我求我不要打他，我当时不理他，再往他的肩部及背部多踹几脚”，这明明就是被害人孙××进入206房间之前背部就已经被打的最好的证据，但辩护人不理解为什么一审法院会视而不见，在被害人孙××从206房被调到205房间后，根据李××和其他被告供述，孙××被调走后，有护工拿着警棍跟了进去，他们还听到孙××的“惨叫”，而被告人吕××也承认在205房，他手持警棍猛捅被害人的胸腹部，辩护人提请二审法院注意，根据尸体解剖报告，该报告很着重提到“背部可见多处条形下出血”并重点标明尺寸为16 cm×0.3 cm、12 cm×0.3 cm、87 cm×0.3 cm、75 cm×0.3 cm，审判长、审判员，这些带有显著特点的伤痕尺寸绝非被收容救治人员所能造成，显然是只有器械才能形成的痕迹，通过一审法庭的审理，我们清楚地知道，所有参与打人的被收容人伤害被害人孙××时用的都是拳脚，而没有使用任何的器械，但是拳脚绝对不可能在死者的背部形成“条形”的痕迹，一审法庭调查一文能查清伤痕来源，（隐去三字）解释这是由受害人衣服褶皱压迫形成的，而根据本律师和其他辩护人对死者背部照片观察，受害人背部的上述四条痕迹清晰可见，反而未能见到受害人背部被反复殴打所产生的生命反应——淤痕，可见这四条皮下出血的伤痕并非衣服的褶皱所能造成，根据一审法院采纳的证言证实，孙××被发现休克时是背朝天的俯卧着的，审判长的这一解释显然不能让人信服，由此可见，否定受害人孙××在被投进206房间之前和之后背部曾经被打是缺乏事实依据的。在尸检报告中，孙××的胃内只有160毫升褐色液体，这说明几天内孙××可能粒米未进，本律师还注意到，孙××被打后，被告人李××还让他喝了一杯自来水，否则，孙××的胃里可能是空的。一审法院未能全面、客观地审查全部事实，才得出这种完全违背事实的结论，本案的事实就是被害人孙××在进入206房间之前和之后背部都曾被护工殴打过，在206房间的被打只不过是孙××被连续殴打并造成死亡的一个组成部分而已。

第三，抛开其他因素不考虑，即便206房间就是殴打被害人孙××的唯一案发现场，现有的证据也无法证明是谁，哪几次击打是造成被害人孙××死亡的直接原因，首先被告人李××、钟××、张××、周××等人都有殴打被害人孙××背部的行为，但谁的行为是伤害行为，谁的行为是导致死亡结果出现的行为至今不能有肯定性的结论，特别要指出的是根据所有被告的供述我们知道，被害人在两次殴打后，神志、语言是完全清醒的，是自己走到205房间的，走时也没忘带上自己的被子，还能自己上厕所，因此辩护人有理由认为造成被害人孙××死亡原因并不是李××等被收容救治人员的行为单方面原因所能够形成的，虽然现在无法查清究竟是哪一次打击造成了致死性的伤害，但从尸检报告所反映出的情况来看，真正造成被害人孙××死亡的原因，极可能不是李××等人的行为。

第四，延误抢救是造成孙××死亡很重要的因素，根据起诉书反映的时间，孙××被打是2003年3月19日的1时许，可是被发现伤重而抢救的时间却是在此10个小时以后，在这长达10个小时的时间里，被害人被抛弃在205房间与十多名精神病患者同处无人过问，显然作为护工和该机构在这个问题上存在着严重的过错，而我的当事人作为没有人身自由的被收容救治人员即便想抢救他也是不可能的，虽然辩护人注意到有一份《关于孙××损伤与预后的讨论意见》中表明"即使积极医疗抢救，也不一定能抢救成功"，辩护人不是医疗的专业人士，但是我们认为如果真的抢救及时这个"不一定"也许就会转化为成功，因为，如果不拖延10个小时，在"心、脑、肺、肝、肾、脾"仅仅"淤血"，而"未见致死性病理改变"的情况下，在我们广州医疗条件和技术相对发达的今天，如果抢救及时对一个27岁血气方刚的年轻人来讲，难道生命就真的能这样轻易逝去吗？辩护人认为10小时的拖延也是造成被害人死亡的重要原因，客观来讲这个拖延完全是救治站及其工作人员的原因，而是和我的当事人无关的，只有对此问题进行客观的认定，才能作出客观的判决，对此我们相信人民法院会查清事实，在对各被告决定量刑时将这一因素考虑进去从而作出一个公正的判决。

第五，辩护人认为××市公安局（××）×公刑法字第××号《法医学鉴定书》也不能全面反映被害人孙××死亡的原因，例如从卷宗上能够反映出孙××“自报”有“心脏病”。救治站医生梅××证实，她确诊被害人孙××患有焦虑症，并给了孙吃了两片安定药片，本律师所要说明的是由于该救治站本身就收容救治着许多精神病人，在孙被确诊为精神病的一种——焦虑症之后，特别是在当时孙××“大喊、大叫”的情况下，难道就仅仅给他吃了两片安定药这样简单吗？以最简单的思维方式看本案，孙××是因自报有心脏病被送到救治站进行救治的，单从治疗的记录看，就连最简单的心电图也没有做，反而将他关进了专门关“疯子”的206仓，是否还存在吃其他的药？如果吃了与他的死亡有无关系？抢救时使用了什么药物，是否对孙××的死亡有影响，这些问题都应是这样重大的刑事案件所应查明的事实，但是原审公诉机关所提供的证据当中既无当时具体就“焦虑症”如何处治的证据材料，《法医鉴定书》中也无尸体中是否含有致死的药物因素，以及排除性的说明分析，因此辩护人认为仅凭这样一个目的性极强的报告就能充分说明孙的死亡原因，是否太草率了？建议二审法院能对此给予一个科学的令人信服的答案，同时辩护人认为根据“疑罪从无”的司法原则，在现有的证据情况下对被告李××的量刑明显过重，建议对被告李××从轻处罚。

我们相信人民法院会“重证据、重调查研究”，对本案孙××的致死原因作出公正的结论，相信这样对我的当事人李××等才是公正的，对死者也是公平的，也符合我国刑法所规定的“罪责自负”的原则。

以上是我的二审辩护发言，请合议庭慎重考虑并采纳，辩护人相信只有铁证如山，才能还事实以真相，才能对被告作出公正的判决，才能给社会一个说法，给孙××家属一个公平的交代，这也是法律工作者不懈追求的目标。

律师　××[①]

［评析］范文二与范文三两份辩护词是同一个案件中不同阶段发表的辩护词，同学们需要理解的是：由于在不同的审判阶段，因此二篇文书的辩护词的侧重点各不相同，一审阶段侧重于案件本身的论述，二审阶段则更多的侧重于一审判决的不当进行论述。

---

①摘自 http://www.cnlawyer.cn/

第二部分 代 理 词

一、代理词的概念

代理词是民事案件的当事人委托他的诉讼代理人在法庭辩论阶段代表其当事人的一方，为维护其合法的权益所作的综合性发言。

二、代理词的理由部分写作重点

1. 确认法律事实或行为是否有效。
2. 确认有无法律关系及其相互间应否承担权利与义务。
3. 有关案件性质、法律责任的论证。
4. 证据的论证。

三、代理词的论证方法

1. 据实论证。
2. 据法论证。
3. 据情说理。

四、范文评析

[范文一]

代 理 词

审判长、审判员：

受××委托，经××律师事务所指派，本人作为××案被告的代理人，根据庭审情况和案件事实，就本案发表代理意见如下：

一、原告的诉讼请求已经超过诉讼时效

我国《民法通则》第一百三十五条："向人民法院请求保护民事权利的诉讼时效期间为二年，法律另有规定的除外。"民法通则第一百三十七条："诉讼时效期间从知道或者应当知道权利被侵害时起计算。"本案所涉及的锅炉补助资金于2002年发放，至今已接近6年；所涉及的锅炉残值处理于2002年6月（证据5、6），至今已经6年，原告的诉讼请求超过了法律规定的二年的时效期间。虽然在2004年原被告工程款纠纷案的审理过程中，原告曾向仲裁庭提出其应按照产权比例分享锅炉处置和补助资金以冲抵其应分摊的费用，但是该行为只是一种抗辩主张，而不是权利主张，不属于导致时效中断的法律事由。而且，原告在仲裁中提出抗辩的时间也已超过诉讼时效。

二、原告无权向被告索要燃煤锅炉补助款

1. 被告是热力站的产权单位。不论是之前的锅炉房，还是改造后的热力站，所涉及到的建设用地、房产都是由被告提供，其审批手续以及组织建设工作也是由被告办理，被告在建设和改造锅炉房的过程中付出了其他使用人所不曾付出的物质条件和建设资格等无形条件。正因为被告与其他使用人在产权上的区别，才使得被告被列入北京市锅炉改造补助单位。根据《北京市锅炉改造补助资金管理办法》的规定，锅炉改造补助资金的补助范围为纳入环保部门年度锅炉改造计划，并已下达锅炉限期改造通知单的市、区属单位。这说明被告被纳入补助单位的范围是由相关的政府机关确定的，依此而获得的补贴资金属于政府的行政划拨，这与因为经营、投资等行为而取得的资金有本质区别。

2. 如果原告认为自己应享有锅炉补助资金，应向相关的政府机关主张权利。根据原告所提供的证据(北京市财政局《关于下达市属单位2002年第二批锅炉改造补助资金的通知》)，北京市财政局按照相应政策的规定，对享有补贴权利的单位发放资金，该名单上所注明的"一轻控股有限责任公司"即被告的上级单位。至于原告是否被列入被补助的单位之列，被告并不知情。而且，即便原告不在补助单位之列，也是由相关的政府机关确定的，与被告无关，如果原告认为自己应该获得补助资金，应向相应的政府机关主张权利，而不是向本案被告主张。

3. 原、被告以及××小学1996年签订《关于集资更新供热锅炉的协议》(证据1)，约定"在原有锅炉房的基础上改造供热系统，满足集中供热需求"，改造后"锅炉设备产权由投资方共有"，据此，原告与被告对锅炉设备形成共有关系。至于这种共有关系能不能必然导致原告成为《北京市锅炉改造补助资金管理办法》的补助单位，不是被告所能决定的，而是原告与相关政府部门之间的事情，与被告无关。

4. 从补助资金发放的情况来看，原告无权直接向被告要求分割锅炉补助资金。北京市财政局《关于下达市属单位2002年第二批锅炉改造补助资金的通知》中明确指出，给被告的补助资金直接发放到"××有限责任公司"，然后由××有限公司将补助资金划拨到改造单位。在这个过程中，被告只是被动地接受补助资金，并按照要求使用补助资金。如果原告享有该补助资金的一部分，其正常的发放程序应该是由相关行政部门确定原告为补助单位，然后由财政局将补助资金发放到××有限责任公司，最终由××有限责任公司将资金划拨给原告。被告在资金发放的过程中属于最终的环节，其职能是按照要求使用补助资金，不享有对资金的分配权利。

5. 原告在诉状中错误地理解了锅炉改造补助资金的性质。《北京市锅炉改造补助资金管理办法》明确指出:“对市财政已经拨付的补助资金,应加强管理,专户存储,不得挪用”;“锅炉改造任务完成后,锅炉改造单位须向所在区环保局申请办理验收手续。”“财政拨付资金高于锅炉改造工程竣工决算或审核报告审定的工程决算部分,应全额上交市财政局。”根据上述规定,被告在收到市财政局拨付的补助资金后,已经将补助资金全部用于锅炉改造工程,并通过了相关部门的审计,被告对补助资金的使用符合行政主管部门的要求。即使补助资金有剩余,被告也应按规定将剩余部分上交市财政局,而不是按照原告的诉讼请求,将其中的一部分给予原告。

6. 原、被告2002年签订的《合作建设供热工程协议》中指出,“甲方(指被告)拟对其办公地点联合建设热力交换站工程。此工程为7家共同投资”,该协议并未涉及到锅炉改造补贴的问题。从协议约定的权利和义务来看,原告以及其他几家单位之所以签订该协议,是“为解决在××大街××号院集中供暖问题,”也就是说,原告之所以参与合作建设供热工程,是为了满足自己的供暖需要。如果原告依据该合同便可以享有市财政发放补助资金的权利,那么其他数家单位是否也可以向市财政局主张应该享有这一权利?答案显然是否定的。可见,原告提供该证据并不能证明其应该享有获得补助资金的权利。

7. 原告所提交的证据《关于拖欠工程款、供暖费等一揽子解决方案》不能证明原告具有享受补贴资金的权利。

首先,《一揽子方案》并不是一个生效的协议,只是双方就欠款的解决进行商讨的函件。被告在发给原告该函件后,原告并没有如被告所要求的“以上意见望贵方认真研究并尽快予以答复”,双方也没有就此达成共识,也就是说,原告并没有同意被告提出的将锅炉补助款和锅炉残值作为“原告已交款和视同交款数目”的建议。

其次,《一揽子方案》中,被告提出将锅炉补助款和锅炉残值作为“原告已交款和视同交款数目”,是因为被告充分体谅原告资金困难,为解决原告拖欠工程款和供暖费的问题而提出的一种方案,在法律上是一种债务减免的提议,不能作为原告取得享有锅炉补助资金的依据。

以上代理意见,有事实和法律依据,请法庭予以采纳,驳回原告的诉讼请求。

代理人:×××

××年××月××日

[评析] 代理词是律师从事诉讼业务中重要的法律文件之一,也是难度很大的法律文书之一。

代理词的结构比较简单,容易掌握,具体可参考本代理词。但其内容的写作难度极大，需要注意的是，代理词必须围绕法庭/仲裁庭争议的焦点问题，进行细致的分析，不仅需要对对方的观点进行反驳，同时还需要对自己的主张进行法律的论述。代理词作为一个严谨的法律文书，其论证必须严谨，任何结论应该有法律的支撑，比如，本代理词中对超过诉讼时效的分析，比较具有说服力。此外，对于代理词描述的事实，代理词引用相关证据予以佐证，显得代理词比较有说服力。

但是，本代理词的不足之处在于：对于有些问题的展开的深度不够，例如，对《关于拖欠工程款、供暖费等一揽子解决方案》的法律性质的认定，即究竟是一个有效的协议还是内部商讨的函证的法律论证基本没有展开，一般而言，对此，应该从合同的成立、要约、承诺等角度进行论证其不是生效的协议；此外，本代理词的第二部分逻辑性有待加强，并且，最好有更加细致的二级标题，方便相关各方阅读，掌握其核心观点。当然，这些不足也和该案的法律问题较多、涉及到的法律问题比较生僻，作者想面面俱到有关。但是，瑕不掩瑜，这篇代理词仍是一篇论述较为有力、详尽的代理词，值得学习。

[范文二]

代　理　词

尊敬的法官：

就蔡××（以下也称“原告”）诉北京××网络软件科技开发有限责任公司（以下也称“被告”）侵权赔偿一案，受被告委托和北京市××律师事务所指派，我们现就本案中的有关事实和法律问题提出以下代理意见：

一、原告诉讼请求能够成立的条件

鉴于本案中原告主要以侵权为由主张诉讼请求，并要求被告承担相应法律责任。根据我国《民法通则》等法律，结合本案情况，原告主张得以成立应当满足以下四个条件：

1. 原告是被告产品用户，并在其计算机中安装了被告软件。

2. 原告遭受了损害。

3. 原告遭受的损害与其使用被告软件有直接因果关系。

4. 被告主观上有过错。

只有这四个条件全部成立，原告才有权主张诉讼请求。

以下分别进行阐述。

二、原告没有证据证明其安装使用了被告的软件产品

原告的主要证据中，直接涉及被告软件的，主要是两份公证书和一份检测报告。这三份证据都是在第三方场所（公证处、检测机构）进行的，所使用的都是第三

方的计算机，所进行的都是对被告软件操作方式、操作结果的客观描述，而没有表明所有这些与原告有什么关系。

实际上，原告所从事的这些行为，任何社会公众都可以做到，如果原告的请求可以成立，则社会公众均可依此来向被告提出侵权诉讼并主张权利了。显然，这是不可能也不应该发生的。

原告虽然企图举证其购买了计算机，但仍不能证明其使用该计算机安装了被告的软件，并发生了其起诉书中所声称发生的一切。

三、原告没有证据证明其遭受了损害，以及与被告的因果关系

原告在起诉书中声称其遭受了测试软件开发费、检测设备购置费、精神损失费、公证费和律师费。但是，原告的证据并不能证明其开发测试软件确实花费了这些费用，且花费这些费用都是被告导致的。关于精神损害费、公证费、律师费，均无证据证明其确实遭受精神创伤或支付了律师费、公证费。

关于原告购买的检测设备，并没有证据证明其购买电脑花费的这些费用都是被告导致的，并且也没有证据证明，计算机哪个部位遭受了什么性质的损害，损害到什么程度。

实际上，包括为原告进行公证取证的公证处等机构并没有因为在公证过程中使用被告软件而导致其计算机损坏，原告就更无法从被告软件中寻找其所谓“损失”的原因。

四、被告主观上没有过错

根据我国《产品质量法》等法律法规，以及国家有关部门的检测结果，被告的软件属于合格产品，符合产品质量要求，这一点在答辩状中已作陈述。

对于产品的操作使用方法、基本功能和原理、运行方式、安装和卸载、资源占用等情况，被告在用户安装过程中以合理方式全面进行了告知，并为用户提供了技术咨询联络渠道，充分尊重了用户的知情权和选择权，保障了用户正当合法利益。尤其考虑到被告所提供的软件为免费软件，用户无需履行任何义务，承担任何代价，被告已经完全尽到义务。

因此，原告在起诉书中所称被告行为“隐蔽”、“不透明”，强行“监视”、“跟踪”，并存在“欺骗”等，通过被告证据足以证明原告的说法缺乏事实依据，原告的这些结论要么是自己疏忽的结果，要么是臆想推断的假设，并不能证明被告主观过错的存在。

五、原告陈述的其他事实缺乏证据支持

原告在起诉书中声称，其“过去两年来一直承担某软件公司的大型商用软件的开发工作”，并声称因被告软件与该“大型商用软件”相冲突，并自行查明该冲突系

被告软件的动态链接库文件 CNSMIN. DLL 所导致。但是，原告并没有证据证明其在“某软件公司”所从事的工作，也没有相关的技术文件证明所谓“冲突”的发生及其原因。

原告在起诉书中还声称，被告对其工作造成干扰，无端耗费人力、物力，并造成商誉损害，亦缺乏证据佐证。

六、原告提起的诉讼带有明显恶意

纵观本案，原告作为一个自然人，在缺乏基本和主要证据的情况下，对被告提起近 70 万元的高额索赔。而在取证过程中，却将大部分精力用于单纯的对被告软件的分析，丝毫没有将这种分析和自己遭受的损害联系起来，这显然不能理解为诉讼中的失误，而只能理解为：其一，原告本就未遭受所声称的损失；其二，原告对于攻击被告产品比维护自己利益更感兴趣。

另外，原告在起诉后，又通过其代理人向被告送达律师函，威胁将本案情况通告被告的主要股东和商业合作伙伴。这种完全超出案件本身范围的做法明显不符合一个自然人涉诉后的正常行为逻辑。

由此，我们有理由推断，原告提起诉讼的目的主要是损害被告对其网络实名产品所享有的良好声誉，破坏被告的正常经营，打击被告产品市场竞争力。这是一种带有很明显恶意、具有很大社会危害性的滥用诉权的行为，应当依法进行制止和打击。

被告设计开发的“××网络实名”软件自投入市场以来，已拥有极其大量的用户，为企业、个人充分利用互联网提供了极大的便利，具有良好的社会声誉和效益，同时也在同类产品中具有很强的竞争力。在众多的各种用户中，像本案原告作为自然人，利用诉讼提起高额索赔尚属鲜见。

以上代理意见，敬请合议庭参考采纳。谢谢！

律师 ××

[范文三]

代　理　词

受原告的委托并北京市××律师事务所的指派，北京市××律师事务所林××律师作为原告的代理人，就原告起诉被告北京××房地产集团公司商品房买卖合同纠纷案发表如下代理意见：

一、关于绿化

被告广告宣称：××小区总建筑面积 13 万 m^2，拥有近 2 万 m^2 外围绿化带和 1.5 万 m^2 的中心花园。高达 58%的整体绿化率使小区成为一个天然鲜氧环保区。被告的广告宣传内容与实际不符,严重违反了被告所承诺的《百家房地产开发企业承诺销售“放心房”联合宣言》第七条的约定。

被告的行为、语言方式也足以让原告相信被告对近2万m^2外围绿化带和1.5万m^2的中心花园享有所有权。被告明确告知原告及被告所立在××小区售楼处的楼盘模型都可以明显看出外围绿化带圈在××小区栅栏内。从后面小区的整体绿化率的计算结果58%也可以得知,只有对2万m^2外围绿化带和1.5万m^2的中心花园享有所有权,小区的整体绿化率才有可能达到58%。以上种种事实显示,外围绿化带属于全体××小区业主全体所有,外围绿化带在小区栅栏的圈围之内,小区的整体绿化率在58%左右。但是事实上,近2万m^2的外围绿化带根本不属于××小区,而是属于北京市市政设施,产权属于北京市政府所有。外围绿化带也在小区栅栏的圈围之外,小区的整体绿化率也不可能达到58%。

二、关于电梯(此部分代理意见只适用于C座原告)

被告的广告、销售人员的告知、被告与原告就此纠纷的有关协商谈判的内容、××小区C座房屋构造以及建设部颁布的《住宅设计规范》中的有关规定均充分有利的证明了原告所购买的C座为二梯三户的户型。但是被告所宣称的与实际不符,严重违反《百家房地产开发企业承诺销售“放心房”联合宣言》。

原告及众多业主就此纠纷找被告协商、谈判时,被告就该问题的解释也足以印证C座为二梯三户。被告的解释为:1.两部电梯三户人家过于浪费,一部电梯就足以使用。2.由于供暖问题。原告认为,被告的解释虽然过于荒谬,但是也可以印证C座为两部电梯。建设部于1996年6月1日颁布的《住宅设计规范》亦明确规定:4.1.7 十二层及以上的高层住宅,每栋楼设置电梯不应少于两台,其中宜配置一台可容纳担架的电梯。4.1.8 高层住宅电梯宜每层设站。当住宅电梯非每层设站时,不设站的层数不应超过两层。塔式和通廊式高层住宅电梯宜成组集中布置。单元式高层住宅每单元只设一部电梯时应采用联系廊联通。通过以上所述,足以认定被告原先设计为两部电梯,而事后变更设计,却没有通知原告及其他业主。

三、原告认为,被告已经承认广告为虚假广告

××小区业主吴女士诉被告的房地产纠纷案件中,被告因对其一审判决不服,提起上诉。在被告的上诉状中,被告已承认:“拥有近2万m^2外围绿化带和1.5万m^2的中心花园,高达58%的整体绿化率使小区成为一个天然鲜氧环保区”的宣传表述与实际情况基本相符,只是“近2万m^2”与15 700 m^2相比有夸大溢美之嫌。被告称宣传表述与实际情况基本相符,也就是说宣传表述与实际情况不完全相符,不完全相符就是含有虚假成分。不完全相符、夸大溢美宣传就是虚假宣传广告中的一种,被告承认自己的广告不完全相符、夸大溢美,也就是承认自己的广

告为虚假广告。

四、关于违约损害赔偿的计算

根据被告承诺的《百家房地产开发企业承诺销售“放心房”联合宣言》第七条的约定：保证宣传内容与实际一致。经有关部门认定虚假广告的，退款退息或按已付房价款的5%赔偿。原告认为：被告的宣传内容与实际不一致，完全可以参照《百家房地产开发企业承诺销售“放心房”联合宣言》第七条即房价款的5%对原告进行赔偿。

代理人：××

2003年8月11日

【本章小结】

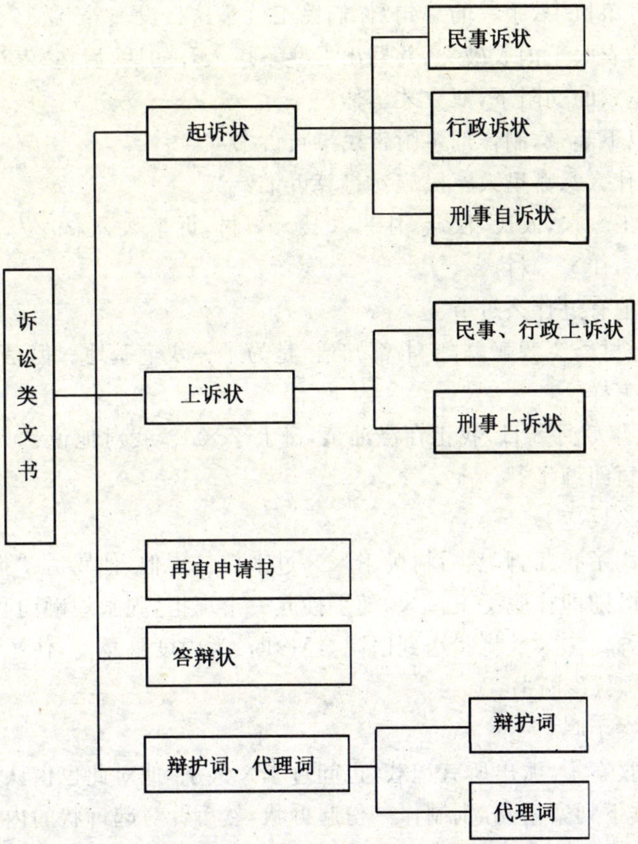

【本章练习】

1.2001 年 9 月 12 日，中国工商银行××支行与北京××公司签订了编号为：3020021 的《人民币借款合同》，合同约定由中国工商银行××支行借款 150 万元给北京××公司，利率为月息 10.08‰，借款期限为半年，同时与北京××饭店签订了一保证合同，约定：如××公司到期不能支付借款，由××饭店承担保证责任。9 月 13 日，××支行如期发放了《核定贷款指标通知书》，并于次日将 150 万元划至北京××公司账号，后到期北京××公司未还，支行连续三次下发《到期贷款催收通知书》，××公司仍拒不还款。假如你是支行的代理人，请制作一份起诉书。

2.根据下列案情，制作刑事自诉状

1999 年 12 月 25 日上午 8 时许，张三来到海淀图书城南口“麦当劳”用早餐。排队时由于人多，张三被后面的人拥挤，踩了李四的脚，李四口出污言秽语，肆意辱骂张三。双方争执中，张三的一句“你们民工就是这么没教养”激怒了李四，李四当场撕扯张三的衣服至内衣破裂，并骂出一些不堪入耳的话，后在“麦当劳”员工王五和围观群众赵六的劝阻下，双方才罢休。

3.根据以下笔录，制作刑事附带民事自诉书

问：你叫什么？哪里人？民族？打算诉谁？

答：我叫王××，农民，汉族，住××县××村，诉李××，39 岁，男，汉族，××县汽修厂职工，住××村。

问：你和他有过什么过节？

答：有，经村委会调解，村支书都知道，是为了一块宅基地。但是调解未成。

问：后来怎样？

答：2002 年 5 月 8 日，我正在浇油菜，碰上李××，我对他说：“兄弟，过去的事已经过去，别再纠缠了。”

问：他怎么反应？

答：他先踢了我几脚，然后村民王××过来拉住了他，他骂道：“狗东西，今天我一定要打残你”随即挣脱了王××，随手抄起一个扁担，狠狠地砸向我的头，我当场晕过去了。后来，王××将我送到医院，经诊断：为中度脑震荡，住了 20 天院，花了 1 200元，有发票、诊断书。

问：你报案了吗？

答：事后报案了，派出所有记载，也问过李××了，他对此也供认不讳。

4.请根据下列案情，分别制作一份起诉状，然后针对起诉状的内容制作一份答辩状。

2001年2月，王××向李××借款10万元，约定：2002年2月前归还，同时黎××提供保证，在借条上注明“若王××不能归还借款，由本人承担保证责任，保证人：黎××”。在2002年2月后，王××仍未还款，经多次催要后仍不履行，李××遂于2002年9月5日起诉王××同时起诉黎××承担连带责任，请制作起诉书，并以黎××的代理人的身份制作答辩状。

[参考范文](一)

民事诉状

原告：中国工商银行××支行

法定代表人：张××　　　　　　　　　　　职务：行长

地址：北京市海淀区××路××号　　　　　　电话：××××

被告(一)：北京××公司

法定代表人：李××　　　　　　　　　　　职务：董事长

地址：北京市海淀区××路××号　　　　　　电话：××××

被告(二)：北京××饭店

法定代表人：张××　　　　　　　　　　　职务：董事长

地址：北京市海淀区××路××号　　　　　　电话：××××

诉讼请求：

1.请求依法判令第一被告立即支付人民币150万元；

2.请求依法判令第一被告立即支付上述借款的利息10万元及逾期付款违约金1万元(截至起诉之日止)；

3.请求依法判令第一被告承担本案的全部诉讼费用；

4.请求依法判令第二被告对上述所有款项承担连带责任。

事实与理由：

2001年9月12日，原告与第一被告签订了编号为3020021的《人民币借款合同》，合同约定：由原告第一支行借款150万元给北京××公司，利率为月息10.08‰，借款期限为半年。同时与第二被告签订了一保证合同，约定：如××公司到期不能支付借款，由第二被告承担保证责任。9月13日，原告方如期发放了《核定贷款指标通知书》，并于次日将150万元划至第一被告账号，后到期第一被告未还。经多次催要未果。

原告认为：依法签订的合同即具有法律约束力，第一被告的上述行为，已严重违反了我国合同法的规定。同时，原告与第二被告签订的保证合同也是合法有效的，此时，按照担保法的规定，第二被告应该承担连带责任。为维护原告的合法权利，特向贵院提起诉讼，请依法及时予以判决。

此致

北京市第二中级人民法院

具状人：中国工商银行××支行

2003 年 4 月 5 日

民事诉状

原告：中国工商银行××支行

法定代表人：张×× 职务：行长

地址：北京市海淀区××路××号 电话：××××

被告(一)：北京××公司

法定代表人：李×× 职务：董事长

地址：北京市海淀区××路 29 号 电话：××××

被告(二)：北京××饭店

法定代表人：张×× 职务：董事长

地址：北京市海淀区××路××号 电话：××××

诉讼请求：

1. 请求依法判令第一被告立即支付人民币 150 万元。

2. 请求依法判令第一被告立即支付上述借款的利息 10 万元及逾期付款违约金 1 万元(截至起诉之日止)。

3. 请求依法判令第一被告承担本案的全部诉讼费用。

4. 请求依法判令第二被告对上述所有款项承担连带责任。

事实与理由：

2001 年 9 月 12 日中国工商银行××支行(以下简称我行)与第一被告北京××公司(以下简称××公司)签订了编号为 3020021 的《人民币借款合同》，合同约定：由××支行借款 150 万元给北京××公司，利率为月息 10.08‰，借款期限为半年。(见证据一)同时与第二被告北京××饭店(以下简称××饭店)签订了一保证合同，约定：如××公司到期不能支付借款，由××饭店承担保证责任(见证据二)。9 月 13 日，我行方如期发放了《核定贷款指标通知书》，并于次日将 150 万元划至第一被告账号。(见证据三)后到××公司未还。经我行多次催要未果。(见证据四)

我行认为：依法签订的合同即具有法律约束力，××公司的上述行为，已严重违反了我国合同法的规定。同时，我行与××饭店签订的保证合同也是合法有效的，此时，按照担保法的规定，××饭店应该承担连带责任。为维护我行的合法权利，特向贵院提起诉讼，请依法及时予以判决。

此致

北京市第二中级人民法院

具状人：中国工商银行××支行

2003年4月5日

注意：上述二篇民事诉状的区别在于人称的表述上不一致，请认真领会。

[参考范文](二)

刑事自诉状

自诉人：张三、男、1976年1月10日生、汉族、北京市人、××大学教授、家住北京市海淀区××街第××号

被告人：李四、男，23岁，无业

案由和诉讼请求：

1999年12月25日，自诉人在海淀图书市场“麦当劳”用早餐时遭到被告人无故侮辱，特此提请人民法院依法伸张正义，判决被告人：

1. 赔偿自诉人精神损失费500元人民币。

2. 在《北京晚报》上向自诉人刊登赔礼道歉声明。

3. 承担本案的全部诉讼费用。

4. 事实和理由：

1999年12月25日上午8时左右，自诉人来到海淀图书城南侧的“麦当劳”用早餐，在排队等候过程中，由于人多，自诉人被后面的人拥挤，踩了被告人的脚，被告人随即口出污言秽语，肆意辱骂自诉人。双方争执中，被告人当场撕扯自诉人的衣服致内衣破裂，并骂出一些不堪入耳的话，后在“麦当劳”员工王五和围观群众赵六的劝阻下，双方才罢休。

自诉人认为，被告人作为完全由民事行为能力的人，出于故意的目的，使用污言秽语，肆意辱骂自诉人，已经侵犯了自诉人的人格尊严，为了维护自诉人的合法权利，打击社会不良行为，根据《中华人民共和国刑法》第二百四十六条的关于侮辱罪的规定，特向贵院提起诉讼，请求依法予以严惩！

证据和证人：

1. 王五，“麦当劳”当值公司员工。

2. 赵六，海淀图书城"博雅"书店职工。

此致

北京市海淀区人民法院

自诉人：张 三

年 月 日

[参考范文]（三）

刑事附带民事自诉状

自诉人：王××，农民，38岁，汉族，住××县××村

被告人：李××，39岁，男，汉族，××县汽修厂职工，住××村

案由：故意伤害

诉讼请求：

1. 请求人民法院依法判令被告构成故意伤害罪并承担相应的刑事责任。

2. 请求人民法院依法判令被告补偿自诉人医疗费1 200元整。

3. 请求人民法院依法判令被告承担本案的诉讼费用。

事实与理由：

自诉人与被告人曾为一块宅基地发生纷争，2002年5月8日，自诉人正在浇油菜，碰上被告人，自诉人主动同被告人提出和解。然而，被告人不但置若罔闻，反而恶语相加，并先踢了自诉人几脚，在本村村民王文制止之时，仍然宣称要将自诉人打残，随即抄起一个扁担，狠狠地砸向自诉人的头，导致自诉人当场晕迷。被告人此时却扬长而去，后王××将自诉人送到医院救治，经诊断：为中度脑震荡，住了20天院共花费1 200元。

自诉人认为，被告具有明显的主观故意，其客观造成了自诉人脑震荡的严重后果，不仅如此，被告人的客观行为使用了能够造成严重后果的扁担，并且砸向的是自诉人的要害部位——头部，足见其主观恶性，已经构成了故意伤害罪，理应承担相应的刑事责任。被告人的上述犯罪行为，给自诉人造成了一定的经济损失，也应承担相应的民事责任。为维护自诉人的合法权益，依法打击犯罪行为，特向贵院提起诉讼，请依法予以严惩。

证据及证据来源、证人姓名及住址

1. 被告人殴打本人的书证复印于派出所笔录

2. 医院诊断证明书、发票

3. 证人王××，住××县××村

此致

××县人民法院

自诉人：王××

××年×月×日

附：本诉状副本1份。

参 考 文 献

1. 宁致远. 法律文书学. 北京:中国政法大学出版社，2003.
2. 宁致远. 法律文书学. 北京:中国政法大学出版社，2006.
3. 宁致远. 法律文书写作. 北京:北京大学出版社，2000.
5. 周道鸾. 司法文书教程. 北京:法律出版社，2007.
6. 周道鸾. 法律文书格式及实例点评. 北京:法律出版社,2003.
7. 潘庆云. 法律文书. 北京:中国政法大学出版社,2007.
8. 潘庆云. 法律文书范例评析. 上海:复旦大学出版社,2005.
9. 国家司法考试辅导用书编辑委员会. 2008 年国家司法考试辅导用书(第 2 卷). 北京:法律出版社,2008.

图书在版编目(CIP)数据

法律文书学/唐周俊主编．—北京：中国农业大学出版社，2009.1
ISBN 978-7-81117-601-8

Ⅰ．法…　Ⅱ．唐…　Ⅲ．法律文书-基本知识-中国　Ⅳ．D926.13

中国版本图书馆 CIP 数据核字(2008)第 161495 号

书　　名　法律文书学
作　　者　唐周俊　主编

策划编辑　陈巧莲　　　**责任编辑**　董　维　陈巧莲
封面设计　郑　川　　　**责任校对**　陈　莹　王晓凤
出版发行　中国农业大学出版社
社　　址　北京市海淀区圆明园西路 2 号　　　**邮政编码**　100193
电　　话　发行部 010-62731190，2620　　　读者服务部 010-62732336
　　　　　　编辑部 010-62732617，2618　　　出　版　部 010-62733440
网　　址　http://www.cau.edu.cn/caup　　　**E-mail** cbsszs @ cau.edu.cn
经　　销　新华书店
印　　刷　北京鑫丰华彩印有限公司
版　　次　2009 年 1 月第 1 版　　2009 年 1 月第 1 次印刷
规　　格　787×980　　16 开本　　12.5 印张　　226 千字
印　　数　1～3 000
定　　价　21.00 元